LA GAVLE

FRANCOISE DE FRAN-çois Hotoman Iurisconsulte.

Nouuellement traduite de Latin en Francois.

Edition premiere.

***

A COLOGNE

Par Hierome Bertulphe.

1 5 7 4

A TRESILLVSTRE ET

trespuissant Prince & Seigneur, Frideric
Comte Palatin du Rhein, Duc de Bauiere,&c.premier Electeur du Sacré Empi-
re:son Seigneur tresdebonnaire.   Salut.

C'Est vne anciene sentéce, Prince tresilustre, qu'on a com-
munemét attribuee à Teucer
fils de Telamon, & qui a esté
autorisee par le consentemét
de plusieurs siecles, Que le Pays est par tout
où l'on se trouue bien. Car il semble bié que
c'est le propre office d'vn courage vaillant
& eleué, de porter aussi facilement l'en-
nůy d'vn exil, comme de souffrir les autres
incommoditez, qui ont accoustumé d'aduenir aux hommes:& mettre sous les pieds
les iniures receues de sa patrie ingrate, &
n'en faire nó plus de conte que des hargnes
&outrages d'vne belle mere:mais ie suis bié
d'vne autre opinió. Car si c'est vne faute re-
prochable & approchante d'impieté que de
porter mal patiemment les mœurs diffici-
les,voire mesme l'austerité & l'aigreur de
nos peres & meres, que sera ce au prix si
nous mesprisons nostre patrie?laquelle tous
ceux qui furent iamais renommez pour leur
sagesse ont iugé deuoir estre plus respectee

(:)   2

que perés ny meres ny amis, ny autres obli-
gatiös de la societé humaine. Vray est, qu'vn
hôme, qui ne se soucie d'autre chose que de
viure à son aise, mesurera tousiours l'amour
& l'affectiö qu'il doit à son pays, selö ses pro
pres cômoditez. Mais de mettre ainsi à non-
chaloir & laisser escouler hors de sa pensee
toute souuenäce de son pays, cela ne me sem
ble point digne d'vn hôme vertueux, ny bien
seant à vne nature ciuile & composee : mais
plustost tenir de la bestialité & d'vne stupi-
dité Cynique , & conuenable à vn homme
penchant & se laissant aller en la discipline
d'Epicurus. Et de telles personnes comme
cela, est procedee celle damnable & furieu-
se parole. Quand ie seray mort, que la terre
& le feu se meslent ensemble, & que tout se
renuerse sans dessus dessous s'il veut: Et encore ceste autre sentence tyrannique, laquel
le ne vaut gueres mieux, Il ne me chaut que
mes amis perissent, pour ueu que mes ennemis aillent quand & quand. Mais les douces
& debonnaires natures ont vne si grande
charité & amour enuers leur pays, & si pro-
fondement engrauee, qu'il n'est possible de
l'effacer , que quand & quand on n'en oste
toutes les autres passions & affections d'hu
manité : telle côme la descrit Homere en la
personne d'Vlysses, lequel estima son pays
& sa

& la poure ville d'Ithaque, laquelle ressembloit plustost à vn petit nid d'oyseau attaché contre des roches qu'à toute autre chose, plus que toutes les delices de la Cour de Calypso, ny que le Royaume qu'elle luy presentoit. Car aussi, suyuant le dire d'vn Poëte ancien,

> L'air du pays & demourance heureuse.
> A ne sçay quoy de douceur amoureuse,
> Qui laisse en tous vn ioyeux souuenir,
> Et l'appetit d'y vouloir reuenir.

& principalement lors qu'il nous souuient du ciel & de l'air où nous auons premierement respiré, & de la terre qui nous a receus la premiere, ou de nos parens, & de ceux auec qui nous auons eu cômunauté & conuenance de natiuité, de loix, de mœurs, de coustumes & de demourance. Il est vray, ce dira quelcun, mais il aduient quelquefois que la patrie refue & est si mal disposée de son sens, qu'elle ne sçait qu'elle fait: ainsi comme Platon à parlé de la siene: Et quelquefois mesmes elle est si transportee de fureur & de rage, qu'elle en deuient cruelle & sauuage à l'encontre de ses propres enfans. Il se faut donner de garde icy premierement, de reietter la coulpe de la faute d'autruy sur la patrie qui n'en peut mais. Il y a eu autrefois à Rome & ailleurs de cruels &

barbares tyrans, qui traitoyent cruellement
non seulement les gens de bien, mais mesmes ceux qui auoyent fait beaucoup de
bons seruices à la chose publique. Les histoires font mention de la cruauté sanguinaire de l'Empereur Macrinus, lequel, comme dit Iules Capitolin, en fut appellé Macellinus, comme qui diroit, le Bouchier : à
cause que sa maison ressembloit propremét
à vne boucherie toute rouge & trempee du
sang des bestes, pour le grand nombre de
personnes qu'on y massacroit tous les iours.
Il y en a encores plusieurs autres renommez
par les histoires, & ausquels pour leur insigne cruauté furent imposez diuers noms : car
ainsi que dit le mesme Capitolin, l'vn en fut
surnommé Cyclops, l'autre Busiris, l'autre
Sciron, l'autre Typhon, l'autre Gyges : Princes malheureux & mal aduisez qui auoyent
opinion qu'il n'y auoit meilleur moyen de
retenir les resnes du gouuernement des
Royaumes & Empires, que par cruauté &
inhumanité. Mais pour lors falloit-il, que
les bons & vertueux personnages missent
en arriere tout soin & quittassent toute solicitude de leur patrie ? Ains plustost n'estoit
ce pas lors le temps propre, & la vraye occasion de la secourir comme leur mere miserablement oppressee, & demandant aide &
confort

confort à fes enfans? Cependant toutefois ie
ne laiffe pas de cognoiftre, combien font
heureux les pays, qui font fous l'obeiffance
de Princes doux & debonnaires ; aupris de
ceux qui gemiffent fous la feruitude des tyrans:& combien font heureux les fuiets, qui
ont ceft heur, moyenaht l'equité & la benignité de leurs Princes; de vieillir paifible-
ment en leurs maifons,& fur le lieu de leurs
anceftres, auec leurs femmes& petits enfas:
ô que bienheureux font ceux la qui peuuent
iouir d'vn tel bien?car, à dire la verité, peu
fouuent aduient que les remedes dont on
veut chaffer le mal, foyent heureux, mais fou
uentesfois aduient-il qu'ils font pires &plus
dangereux que les maladies mefmes, auf-
quelles on veut appliquer la medecine. Il y
a, ce croy ie, feize ans, Prince trefilluftre, que
Dieu a mis vne bonne partie de la cofte du
Rhein, fous le pouuoir & fauuegarde de
voftre Excellence: & depuis ce temps la on
ne fcauroit croire ny fuffifamment exprimer
en quel repos & tranquillité on a vefcu
en toute le pays de voftre obeiffance, reffem-
blant proprement à vne bonace riante de la
mer platte & trāquille,où il ne fouffle aucun
vent que doux & gracieux: tāt toutes chofes
y ont toufiours efté, moyenant voftre fage prouuoyance paifibles, fainctement &

religieusement ordonnees. Parquoy, Prince
treshumain, continuez & perseuerez hardie
ment en ceste vostre douceur & clemence
accoustumee, aimant mieux la louange & la
reputation procedente de bonté & de iustice, que celle qui procede de puissance & de
force: & suyuant plustost le train heureux de
l'equité & droiture diuine, que celuy de la
violence & iniquité des Roys & Princes, qui
prenent plaisir au sang humain, & qui estás
retournez d'vne bataille tous rouges & san-
glans veulent estre surnommez foudroyans,
victorieux, & conquerans. Persistez dy-ie, en
vostre benignité, & à maintenir vostre pays
en paix, par l'exemple de vostre iustice, cle-
méce & pieté, & de vos autres rares & singu
lieres vertus: Cōbien qu'au demeurát il sem
ble bié que ceste tráquillité ne soit pas logee
en vos terres seulement, mais mesme qu'elle
se soit espádue presque par toute l'Alemaigne: & cōmuniquee à tous vos voisins, comme de main en main: de sorte que tout ainsi
comme ceux qui font voile, se destournent
tant qu'ils peuuēt des perilleux destroits de
mer, & des courans impetueux & violens,
& choisissent les cours aisez & tranquilles:
ainsi plusieurs auiourdhuy abandonnent les
pays, où il fait dangereux, à cause des bri-
gandages qui s'y commettent, & vont cercher

cher vers vous des demeurances seures &
paisibles. Vray est, qu'vn temps a esté, que
toute maniere de gens accouroit de toutes
parts de l'Europe voir nostre France, & les
ieunes gens studieux venoyent iusques en
nos Vniuersitez au trafic honorable & ac-
quest laborieux des nobles sciences : mais
auiourdhuy ils l'ont en horreur, ne plus ne
moins qu'vne mer tenue en suiection par
des Coursaires, ou qu'vne terre habitee par
des Sauuages. Dequoy, toutefois & quantes
qu'il m'en souuient, la memoire me naure le
cœur au vif, quand ie voy, qu'il y a desia pres
que douze ans, que nostre poure & infortu-
né pays est continuellement miné & trauail
lé de guerres Ciuiles. Et si ne me fait pas en
core tant de mal de cela, comme de ce que
i'en voy : non seulement qui regardent à leur
aise & de loing le feu dont nostre Frâce est
embrasee sans se bouger (comme on dit que
faisoit Neron lors que Rome bruloit :) mais
mesmes d'autres qui prenent des soufflets
pour l'allumer encore dauantage, & sement
de petits liures odieux, pour susciter la hai-
ne des Roys & du monde à l'encontre de
nous : & cependant il y en a bien peu ou poi(n)t
que point, qui accourent à ce feu pour l'e-
steindre. De ma part, ie scay bien qu'il ne
peut issir de personne de si petite qualité, &

de fi peu de fuffifance commé moy , chofe
qui merite qu'on en face grand cas: mais au
moins efpere-ie,que toutes gens de bon iugement, aymans le repos & foulagement de
leur pays & du mien, me fcauront bon gré
du labeur que ie pren à cercher quelques re
medes à l'encôtre des calamitez publiques:
ainfi comme on ne peut honeftement refufer le fecours & le deuoir de celuy qui porte
quelque feau d'eau pour efteindre vn feu
embrafé , encore qu'il foit de baffe & vile
condition. Il y a donques quelques mois,
qu'ayant l'entendemét tout fifché fur la con
fideration de ces extremes calamitez & mi-
feres communes,ie me pris à fueilleter tous
les hiftoriens François & Alemans,qui ont
efcrit de l'eftat de noftre France: & tiray de
leurs efcrits ce petit recueil abbregé,conte-
nant fommairement l'eftat & la police , laquelle ils tefmoignent auoir eu pied ferme
en noftre chofe publique, l'efpace de plus
de mille ans : en quoy autant ou plus qu'en
autre chofe fe monftre notoirement, que
nos anceftres furent gens merueilleufemét
fages & aduifez à bien dreffer le gouuernemét politic d'icelle:de forte que ie tien pour
chofe toute affeuree , que c'eft là le feul &
vray remede à tous nos maux, que de refor-
mer noftre maniere de viure au moule des
ver

vertus de ces grans perfonnages là: & de reduire noſtre Eſtat corrompu, comme vne Muſique deſaccordée, à ce bel ancié accord qui fut du temps de nos Peres. Si me ſemble bien, qnand ie conſidere & recerche de pres la cauſe de ces calamitez & confuſions qui regnêt, que tout ainſi comme nos corps vicnêt à ſe diſſoudre & à ſe deffaire, ou quãd ils ſont attaints exterieuremêt par quelque violence exceſsiue de coups, ou de bleſſures mortelles, ou bien quand les humeurs, dont ils ſont compoſez s'alterent, & ſe corrompent au dedans, ou quand ils ſont abbatus & caſſez de vieilleſſe: ainſi que l'Eſtat des choſes publiques ſe ruine par diuers accidens: & que les vnes ſont deſtruites par calamitez de guerres, les autres ſont diſsipées par troubles inteſtins & diſſenſions ciuiles, les autres ſont minees par le temps,& ayans acheué le terme prefix de leur durec, comme vne perſonne qui eſt auant ſur l'aage, prenent fin. Or quant aux maux que noſtre choſe publique a ſoufferts, combié que communement lon en attribue la cauſe aux partialitez & diuiſions domeſtiques,toutefois quant à moy, ie croy qu'ils en ſont plu toſt le commencemêt & le principal effect, que la ſeméce & la cauſe: qui ſont deux choſes bien differentes l'vne de l'autre, ainſi cõ-

me Polybius auteur graue & de bon iuge
ment l'a pertinemment monftré: Ainfi dõc
ie tien cecy pour vne chofe toute refolue,
que la vrayé caufe & la premiere fource
d'où tant de maux font iffus, n'eft autre cho
fe que la profonde playe que luy fit il y a cét
ans ou enuiron, celuy qui entreprit le premier de renuerfer les bonnes loix & ftatuts
de nos anceftres.Parquoy m'eft bien aduis,
que tout ainfi comme, fi nous auons heurté
rudement contre quelque pierre , & que
nous nous foyons offenfez au bras, ou à la
iambe,ou en quelque autre partie du corps,
nous ne pouuons eftre guaris, que premierement les iointes des membres denouez &
deboitez ne foyent remifes en leur naturel:
ainfi aufsi pourrons nous lors efperer , que
le gouuernement de noftre chofe publique
fe portera bien , quand il fera remis en fon
ancien , & comme naturel eftat par quelque finguliere grace & faueur de Dieu. Et
pourautant que voftre Excellence s'eft touf
iours monftree gracieufe & fauorable enuers noftre patrie, & les gens de noftre nation, i'ay penfé, que ie ne vous en fcauroy'
faire meilleure ny plus aggreable recognoif
fance, qu'en vous prefentãt ce mien labeur,
qui eft en fomme vn brief recueil de nos loix
& couftumes anciennes, & de ce qui eft le
plus

plus memorable en noſtre Hiſtoire Françoiſe, pour le faire ſortir, ſous la ſauuegarde
de voſtre treſ-illuſtre nom , és mains des
hommes.

Et ſur ce, Monſeigneur, Ie prieray Dieu
en toute humilité & reuerēce, qu'il luy plai-
ſe faire touſiours proſperer & florir de
mieux en mieux voſtre treſ-illuſtre maiſon
en toutes ſortes de benedictions, & en tout
heureux accroiſſement d'honneur.
Ce 21. iour d'Aouſt. l'an de
Salut M. D. LXXIII.

Voſtre treſ-humble & treſ-
obeiſſant ſeruiteur

François Hotoman.

TABLE DES CHAP.

LA GAVLE

FRANCOISE DE FRAN.

Hotoman Iurisconsulte.

❡ De l'eſtat de la Gaule, auant qu'elle fuſt
reduite en forme de prouince par les
Romains.

CHAP. I.

Yant propoſé d'eſcrire des
couſtumes, & de la police de
noſtre France Gauloiſe, autant comme il pourra ſeruir
pour l'vſage de noſtre choſe
publique, & pour la commodité du temps
d'auiourdhuy, il me ſemble qu'il ſera bon de
commencer à deduire, quel fut l'ancien e-
ſtat de la Gaule, auant qu'elle fuſt aſſuiet-
tie, & reduite en forme de Prouince par les
Romains. Car quant à ce que Cæſar, Polybius, Strabo, Ammianus, & autres anciens
auteurs, nous ont laiſſé par eſcrit, touchant
l'origine & ancieneté des Gaulois, de leur
vaillance, prouëſſe & ſuffiſance aux armes
de l'aſſiette & qualité du pays, des mœurs
& maniere de viure des habitans des Gaules, il n'y a, ce croy-ie, perſonne qui ne le ſa-

a

che, au moins de ceux qui ont tant soit peu
versé aux histoires. Il faut donc entendre, a-
uant que passer plus outre, que pour lors la
Gaule n'estoit point toute entierement su-
iette à la domination & autorité d'vn seul,
qui la gouuernast en titre de Roy, ny n'a-
uoit aussi chacune ville à part vne forme de
police purement populaire, c'est à dire, où
le peuple eust souueraine puissance, ny ne
mettoit le gouuernement entre les mains
d'vn petit nombre des plus notables, & des
plus gens de bien, mais toute la Gaule vni-
uersellement estoit departie en Citez, ou
Republiques; lesquelles ne se gouuernoyēt
pas toutes d'vne mesme sorte. Car les vnes
estoyent regies par vn conseil composé des
plus apparens & des plus nobles, qui auoyēt
la superintendance des affaires, les autres e-
lisoyent des Roys: mais toutes generalemēt
s'accordoyent à obseruer vne coustume.
C'est que tous les ans en certain temps de
l'anée, elles tenoyēt vne diette, & assemblée
generale de tout le pays: où se deliberoyent
les affaires d'estat, & concernans le bien vniuersel de la chose publique. Et de ces Citez
là, c'est à dire, Regions ou Prouinces, cōme
Cæsar le donne assez à entendre, Cornelius
Tacitus en conte soixante & quatre au 3.
iure de son histoite, lesquelles vsoyent d'vn
                                    {mesme

mesme langage, de mesmes staturz, loix, &
coustumes, & qui plus est, de mesmes Magistrats : & remarque specialement entre autres celle des Aeduiens, celle des Auuergnats, & celle des Rhemiens; dont la ville de
Rheims porte encore le nom. De là proce-
doit, ce que recite Cæsar en ses Commentaires, liure 5. chap. 3. Que lors qu'il fit raet
Dumnorix Aeduien, il se mit en defense, &
appellant ceux du pays à son secours, il reï-
tera souuent ces mots, Qu'il estoit libre, &
d'vne Cité libre & franche. Et ce que Strabo en dit au 4. liure se rapporte bien à cela. La
plus part, dit-il, de ces Citez là estoyent po-
licees en forme d'Aristocratie, c'est à dire, où
les plus gens de bien ont souueraine authorité : & auoyent de coustume anciennement
d'elire par chacun an vn Gouuerneur : & le
peuple semblablemét designoit par les voix
& suffrages vn Capitaine general, & Chef
d'armée, pour les affaires de guerre. Il faut
aussi ioindre à cela ce que Cæsar en escrit
au liure 6. chap. 4. de ses Commentaires en
telle substance, Les Citez, qui ont reputation d'estre les mieux reglees, & de mieux
gouuerner leur chose publique, ont certaines loix, par lesquelles il est expressément
ordonné, Que si quelqu'vn a receu quelque
nouuelle, ou entendu quelque bruit de la

part des peuples voisins, qui concerne l'e
stat public, il le rapporte tout à l'instant au
Magistrat, & ne le communique à autre quel
qui soit. Les gouuerneurs apres en estre in-
formez, en retienent rieres eux, autant comme bon leur semble: & le reste, qu'il est besoin que tout le monde sache, ils lo publiēt,
& l'exposent deuāt toute l'assemblee du peuple. Quant aux affaires d'estat, & qui con-
cernent le bien vniuersel de la Gaule, il n'est
pas loisible d'en rien traiter ny resoudre, sinon en l'assemblee generale du pays. Dè-
quoy Cæsar mesme nous pourra fournir
quelques exemples. Car au premier liure
chap. 11. il recite comme les ambassadeurs
des Citez de la Gaule le prierent, que son
plaisir fust de leur permettre de conuoquer
à certain iour prefix, vne diette & assemblee
generale de toute la Gaule. Item au liu. 7.
chap. 12. La diette de toute la Gaule, dit-il,
fut signifiee à Bibracte, & s'y assembla vne
grande multitude de peuples, qui y accourut
de toutes parts. Et au lib. 6. chap. 2. Cæsar,
(dit-il, parlant de soy-mesme) ayant indit &
signifié la iournee de la Gaule au commencement du Prim-temps, (comme il auoit de
coustume) & s'y estans trouuez tous les deputez des Prouinces, excepten los ambassadeurs de celles des Senones, des Carnutes,
& des

& des Treuires, il changea le lieu de l'assem
blee, & la transporta à Paris. Et au 7. liure
chap. 6. où il parle de Vercingentorix, Il se
faisoit fort, dit il, d'allier & de ioindre en y-
ne ligue les Citez, lesquelles estoyent en pi-
que les vnes contre les autres, & puis faire
tenir vne diette de toute la Gaule vniuersel-
lement, à laquelle tout le monde ne sçauroit
resister. Quant aux Roys qui gouuernoyent
quelques vnes de ces Citez, il y a aussi presque infinis passages dedãs le mesme auteur
qui en parlent : desquels on peut retirer entre autres, vne chose digne d'estre diligem-
ment remarquee : C'est que les Romains se
seruirent bien d'eux, pour entreprendre sur
la liberté des Gaulois. Car de tous ces Roy-
telets icy, ceux qu'ils voyoiét estre les mieux
faits à leur posté, & les plus accorts pour faire menees, semer quereles & dissensions en-
trè les Republiques, dresser ligues & factiõs
contre les autres, ils ne failloyent iamais de
se les ioindre par alliance & societé, comment que ce fust : & eux de leur costé pre-
noyent cela à grand honneur, d'estre nommez amis & alliez du peuple Romain auec
les plus honorables decrets & priuileges
qu'il estoit possible, voire sans qu'il leur
coustast rien : attédu que plusieurs grãs Roys
& Princes estrangers achetoyent bien chè-

rement ce droit & cest honneur la des Seigneurs de Rome. Voila donc quels estoyent
ces Roys ou plustost ces Roitelets, comme
on les nommoit pour lors en Gaule: à sauoir
ceux qui n'auoyent pas leur autorité limitee
à certain temps, comme les magistrats des
autres Citez; mais qui portoyent toute leur
vie le titre de dignité Royale, encore que
leur puissance ne s'estendist gueres auant, &
eussent bien petit pays à gouuerner:& y a ap
parece que ce sont ceux-la mesmes, que par
succession de temps, qui a apporté changement de police & de coustumes, on a appellez depuis Ducs, Contes, Barons, & Mar-
quis. Mais pour retourner au propos des Ci
tez de la Gaule, les vnes estoyent plus grandes, & mieux fondees en puissance que les
autres, & les plus foibles se mettoyent volontiers en la tutelle & sauue-garde de celles la: à raison dequoy, Cæsar les appelle suiettes & tributaires des autres: combien que
le plus souuent, il die qu'elles sont en leur
protection & sauue-garde. Titus Liuius au
5. liure de ses histoires escrit, que lors que
Tarquinius Priscus regnoit à Rome, la Pro
uince des Bituriges, qui sont ceux du pays
de Berry, commandoit à toute la nation des
Celtes, & auoit la prerogatiue, & le droit
d'elire le Roy de son corps. Mais lors que

Iules

¶ Iules Cæſar mit premierement le pied en Gaule(qui fut l'an dés la fondation de la ville de Rome ſix cents nonante & cinq)elle eſtoit diuiſee en deux ligues, à ſauoir celle des Aeduiens, & celle des Auuergnats, qui s'eſtoyent deſia longuement trauaillez par guerres les vns les autres, pour ſauoir à qui demeureroit le premier lieu de ſouueraineté. Mais il y auoit principalemét vne choſe, qui entretenoit ceſte diuiſion entre eux: c'eſtoit que ceux de Berry voiſins de l'Auuergne, eſtoyent ſous l'aile des Aeduiens : & à l'oppoſite, les Sequaniens, prochains des terres des Aeduiens, eſtoyét ſous la puiſſance & ſouueraineté des Auuergnats:ainſi que dit Cæſar au 1.liu.chap.12.& au 6.liu. chap. 4. D'autre coſtè les Romains, ſe ſeruans tref-bien de ceſte occaſion pour eſtendre leurs ailes,allumoyent encore ce feu d'auantage, pour touſiours nourrir les partialitez, & ancrer plus auant dedans les affaires de Gaule.Au moyen dequoy ils firent premierement eſtroite alliance auec les Aeduiens, & auec tout l'honneur, dont ils ſe peurent aduiſer, les nommerent leurs freres, leurs bons amis & alliez.En ce temps là,la Republique des Aeduiës eſtoit l'vne des plus floriſſantes qui fuſſent és Gaules, & commandoit,& donnoit loy à d'autres,comme à cel-

le dés Senonois, auec lesquels les Parisiens
auoyent vn peu au parauant contracté alliance, & à celle des Bellouaques, qui sont
ceux de Beauuais, laquelle toutefois estoit
lors la plus puissante de toute la Gaule
Belgique, tant en autorité, qu'en force d'armes, & en nombre d'hommes. Ainsi le met
Cæsar au 2. liu. chap. 4. liu. 6. chap. 1. liu. 7.
chap. 7. de ses Commentaires. Et au liure 5.
chap. 11. parlant de la Seigneurie des Neruiens, il nomme les Centrons, les Grudiés,
les Læuaques, les Pleumosiens, & les Gor-
dunois, tous peuples suiets aux Neruiens.
Au 4. liu. chap. 2. entre les adherens ou dependans des Treuires, il conte les Eburons,
qui sont ceux du Liege & les Côdrusiés. Au
3. liure chap. 2. il dit que la Republique des
Venetiens (qui sont ceux de Vennes en Bretaigne) estoit en autorité & puissance si gran
de, qu'elle tenoit principauté sur toutes les
nations qui habitent le long de celle lisiere
de mer, & que tous ceux qui hantoyent ceste
coste de l'Ocean, luy payoient tribut. Au
6. liure chap. 4. & au 7. chap. 10. il recite, que
la seigneurie des Auuergnats s'estoit si fort
accreuë en grandeur, si bien fortifiee & mu
nie de l'obeissance de nations suiettes, &
d'alliance de diuers Princes & puissans Seigneurs, que non seulemēt, ils ne s'estimoyēt

de

de rien moindres que les Aeduiens, mais
mesmes vn peu auant la venue de Cæfar, ils
leur auoyent fouftrait la plus grande partie
de leurs fuiets & vaffaux : & fe fioyent tellement en leurs forces, qu'ils oferent bien en-
tréprendre la guerre contre Cæfar, dont fut
Capitaine en chef vn Vercingétorix, qui mit
en cãpagne vne armee de quatre cents mille hommes. Ainfi l'efcrit Strabo, en fon 4.
liure. Mais au demeurant, ils eftoyent fi fort
ialoux de leur liberté, qu'ils ne vouloyent
ouir parler en façon quelconque, ny de Roy
ny de domination Royale : de forte que quãd
vn Celtillus le pere de Vercingétorix, hom
me autrement honorable, & qui en reputation & en grandeur n'auoit point fon pareil,
à raifon dequoy, il auoit tous les affaires des
Gaules en fa difpofition, comme vn Prince
abfolu : neantmoins lors qu'il voulut paffer
outre, & fe faire declarer Roy : il fut cõdam-
né à perdre la vie par la fentence des eftats
d'Auuergne, pour auoir attenté à vfurper v-
ne domination tyrannique fur fon pays. Cæ
far au 7. liure chap 1. de fes comm. le recite
ainfi. Et à l'oppofite au 1. liu. chap. 2. il dit,
Que les Sequaniés auoyent vn Roy nommé
Catamintaledes, lequel auoit eu l'honneur
d'eftre appellé amy & allié du peuple Romain. Les Sueffioniens femblablement, qui

tenoyent vne grande estendue de pays, & vn
territoire gras à merueilles, & si auoyết douze bonnes villes, dont ils pouuoyent mettre
en campagne quand bon leur sembloit, cinquante mille combatans, auoyent peu de
temps au parauant eu vn Roy nommé Di-
uitiacus, le plus puissant Prince qui fust en
toute la Gaule: car sa domination ne s'esten
doit pas seulement iusques sur la plus grande & meilleure partie de la Gaule Belgique, mais mesme auoit passé la mer, & s'e-
stoit rendu Seigneur de l'Angleterre. Mais
lors que Cæsar entra dedans les Gaules, ils
auoyent vn Roy nommé Galba, comme il
le dit au 2. liure, chap. 1. Et en la Guienne le
grand pere d'vn certain Piso d'Aquitaine, a-
uoit esté Roy & appellé amy du peuple Romain au 4. liu. chap. 3. Et au 5. liu. chap. 13. il
dit, que les Senonois, desquels la Republique estoit bien appuyee, & de grande reputation entre les Gaulois, auoyent eu autrefois vn Roy nommé Moritasgus, dont aussi
les ancestres auoyent eu pareille dignité, Et
au 7. liu. chap. 6. qu'vn Ollouicon auoit regné sur les Nitiobriges, lequel receut lettres
du Senat de Rome, par lesquelles il estoit
nommé amy des Romains. Or en tous ces
Royaumes icy il y a certains points, qui sôt
bien dignes d'estre remarquez: c'est à sauoir

en

en premier lieu, qu'ils n'eſtoyent point he-
reditaires: mais eſtoyent deferez par le peuple, à ceux qu'il luy ſembloit bon, pour la
bonne opinion qu'il auoit de leur iuſtice, &
legalité : dauátage que ces Roys ainſi eleus,
n'auoyent point vne puiſſance abſolue &
infinie, ny ne pouuoyent faire tout ce qu'ils
vouloyent: ains au côrraire reſſerree & limitee par certaines loix, de ſorte qu'ils eſtoyét
autant ſous la puiſſance & authorité du peu
ple, comme le peuple ſous la leur: au moyé
dequoy ces regnes, à dire vray, n'eſtoyent
autre choſe que magiſtrats perpetuels, car
Cæſar en nomme pluſieurs, qui de ſon téps
eſtoyent perſonnes priuees, deſquels toutefois les peres & ayeuls auoyent eſté Roys:
comme entre les autres vn Caſticus fils de
Catamantaledes, duquel le pere auoit regné long temps en la prouince des Sequaniens, au 1. liure chap. 2. Et vn Piſo d'Aquitaine, au 4. liu. chap. 3. Et vn Taſgetius, dont
les anceſtres auoyent autrefois regné en la
Cité des Carnutes, au 5. liu. cha. 8. Au reſte
quât aux bornes & à la meſure de la puiſſáce
qui leur eſtoit limitee, Ambiorix Roy des
Éburôs, ou Liegeois le declare aſſez luy meſ
me au 5. liu. chap. 8. des Com. de Cæſar: car
il dit, qu'il eſtoit tellement Seigneur & Roy
pour cômáder, que cepédát le peuple auoit

autant d'authorité sur luy, comme luy sur
le peuple. Ainsi voit-on que Platon, Aristo
te, Polybius, & Ciceron ont esté fort sages,
& qu'ils ont tref-bien iugé, quand ils ont
dit, que c'estoit la plus parfaite, & la plus
seure forme de Police que celle-la: pourautant que la puissance Royale, si on ne luy
donne quelque mors, comme dit Platon,
qui la tiene vn petit en bride: & qu'on luy
souffre de s'eleuer iusques en vn degré su-
preme de souueraincté & de puissance ab-
solüe en toutes choses: adonc il y a grand
danger qu'estant là, ne plus ne moins que
sur vn precipice glissant, elle ne se laisse
choir en tyrannie. A raison dequoy, il est
plusque necessaire, qu'vn Roy soit retenu
en son deuoir par la reuerence & l'authorité des gens de bien & d'honneur, comme
representans la personne du Peuple, lequel
les commet à cela, & leur donne celle puissance.

¶ De quel langage vsoyent les anciens
Gaulois.

CAP. X.

N ce lieu-cy ne fait à omettre
vne question, non encore reso-
lue, mais bien assez debatue &
disputee par plusieurs doctes
person-

personnages de ce temps, c'est à sauoir quel
langage ont peu parler nos anciens Gaulois. Car quant à leur religion, leurs cere-
monies, coustumes & maniere de viure, Ce-
far l'expose assez au long en ses Commentaires. Premierement donc se faut souuenir,
que le mesme auteur ayant fait au commencement de ses Comment. vne diuision generale des Gaules, & l'ayāt departie en trois
lots, dit consequemment que les Gaulois,
dont les vns se nōmoyent Belges, les autres
Aquitains, & les troisiemes Celtes, estoyēt
tous differents les vns des autres, & de coustumes & de langage. Et Strabo en son 4.
liure, dit conformement à cela, Qu'ils n'a-
uoyent point vne mesme langue, mais qu'il
y auoit quelque peu de diuersité. Autant en
dit Ammianus Marcell. au 15. liure. Il y a
quelques gens excellens en sçauoir, & principalement de nos François, qui tiēnēt que
les Gaulois parloyent vn lāgage Grec: mais
c'est vne opinion qui n'a pas grand fondement à mon aduis: ainsi comme on le peut
aisément recueillir, de ce que Cæsar escrit
au 5. liu. chap. 12. des Comment. Que lors
que Qu. Cicero estoit assiegé dedans son
camp par les Gaulois, il luy enuoya vne let-
tre escrite en Grec, de peur que si d'aduenture, elle venoit à estre surprise, les Gaulois

ne defcouuriffent fes deffeins. Il y en à qui
alleguent là deffus vn paffage, tiré du 4. liure de Strabo, où il dit nommément, Qu'il
y auoit vne belle Vniuerfité à Marfeille, &
bien fournie de gens fçauans, qui faifoyent
profeffion des bonnes fciences, & notamment des lettres Grecques, iufques à ce
poinct, qu'ils faifoyent venir l'ennie aux
Gaulois, d'apprendre le Grec, & qu'ils n'e-
fcriuoyent, defia point autrement leurs inftrumens & leurs contraux, qu'en langage
Grec. Mais il eft bien aifé de refpondre à
cela, & en deux mots. Premierement, s'il eft
vray, que les Gaulois apprenoyent la langue
Grecque, à l'enuy des Maffiliens; on voit
defia bien en cela, que ce n'eftoit pas donc
leur langue maternelle. Dauantage Strabo
donne affez à entendre là mefmes, que celle
couftume de coucher les contraux & autres inftrumens en Grec, n'auoit pas commencé de venir en vfage plus haut, que de
fon temps, alors que toute la Gaule s'eftoit
defia accouftumée à porter le ioug de la fuiection des Romains, & à prendre leurs façons de faire. Finablement il ne parle, que
de ceux là precifément, qui eftoyent voifins de Marfeille : & communément en ces
endroits là, non feulement les particuliers, mais les villes mefmes, enuoyoyent
adonc

adonc querir à Marseille des gens excellens
en sçauoir, pour enseigner la Ieunesse, en
leur payant vn tres-honorable salaire, pour
l'instruction de leurs enfans Mais il y a encore vn passage dedans Cæsar, qui semble
faire pour eux, où il dit que les Gaulois a-
uoyent accoustumé d'vser de lettres Gre-
ques en affaires, tant publiques que particuliers. Mais si nous y prenons garde de
pres, il semble que ce mot de (Grecques)
non seulement ne serue de rien en ce lieu-
là, mais mesme qu'il le faut effacer, comme
estant vn mot supposé, faux & du tout hors
de propos: attendu que pour exprimer l'intention de Cæsar, c'estoit bien assez de dire, Qu'entre les Gaulois, quãd il estoit question de la discipline & de la loy des Druydes, ils n'en mettoyent du tout rien par e-
scrit: ains en imprimoyent la science en la
memoire de ceux qu'ils en cognoissoyent
dignes, sans escriture quelconque: mais
qu'en toutes autres choses, & en tous autres affaires, & particuliers & publiques,
ils vsoyent de lettres. Car ceste façon de
parler (d'vser de lettres) qui vaut autant à dire, comme mettre par escrit, se trouue assez souuent dedans les bons auteurs Latins. Mais au reste, il semble bien, que ce

ſoyent deux choſes contraires l'vne à l'autre, de dire que les Gaulois fuſſent ignorās
de la langue Grecque (ce que Cæſar veut
donner à entendre en ce paſſage où il parle
de ſa letre) & de dire qu'ils eſcriuoyent en
Grec leurs inſtrumens & regiſtres particuliers & publiques. Vray eſt que quelques
vns ont opinion, que ce mot de (letres Gre-
ques) ne ſe doit point entendre là, de la ſubſtance qui eſtoit couchee par eſcrit, ains ſeu
lemēt de la forme, & de la figure des letres:
mais ie ne m'y puis bonnement accorder,
pour la raiſõ que i'ay dire, c'eſt que tous les
anciens auteurs vſent aſſez ſouuent de ceſte
forme de parler (Vſer des letres) au lieu de
dire, mettre par eſcrit: mais en ceſte ſignifi-
catiõ, de, peindre, ou former des letres, ils
n'en vſent iamais, que ie ſache. Il eſt vray,
qu'il dit bien luy meſme, au premier des
Commēt. que certains papiers & regiſtres,
furent trouuez au camp des Suiſſos, leſquels
eſtoyent eſcrits en characteres Grecs : mais
cela ne les aide guères. Car quelle apparence y a-il, de dire, que le ſecretaire qui les a-
uoit dreſſez ſceuſt bien eſcrire en Grec, &
cependant qu'il n'euſt pas appris à coucher
ſes memoires au meſme langage qu'il les
eſcriuoit? D'autre part, il eſt mal-aiſé à croire, qu'il y euſt faute pour lors en Suiſſe ou

de preftres, ou d'enfans de noble maifon,
qui euffent appris la langue Grecque, laquel
le e ftoit fort prifee en ce temps là, non plus
qu'il n'y a pas auiourdhuy de ceux, qui s'e-
ftudient à fçauoir la Latine. Et quand il n'y
auroit autre chofe, qu'ils auoyent fi pres de
eux l'Vniuerfité de Marfeille, cefte opinion
d'elle mefme s'en va bas. Auffi vfe Cæfar
de ces mefmes termes, au 5. liu. où il parle de
celle fiene letre, qu'il enuoya à Ciceron, &
dit : Qu'il l'efcriuit en letres Grecques, de
peur que fi elle tomboit entre les mains des
ennemis, fes côfeils ne fuffent defcouuerts.
Et Iuftin, au 20. de fes hift. Il fut publié, dit-
il, vn arreft du Senat, Que deformais nul
Carthaginois, n'euft à eftudier aux letres
Grecques, ny en apprendre la langue, afin
qu'il ne peuft, ou efcrire ou parlementer a-
uec l'ennemy, fans truchement. Cor. Tacitus au liu. de la maniere de viure de l'Alemagne dit, qu'on monftroit encore de fon
temps des monumens, & des fepultures antiques, où il y auoit des infcriptions engrauees en letres Grecques, fur les confins de
l'Alemaigne, & de la marche Rhetique. T.
Liuius, au 9. liu. de fes hift. On enfeignoit
lors (dit-il, parlant du temps de Camillus)
les enfans en la langue des Tofcás, comme
on fait maintenant en la Grecque. Et au 28.

liu. Annibal fit là dreſſer vn autel, & le de-
dia auec vn grand eſcriteau, où eſtoyēt contenues ſes victoires, & les prouëſſes par luy
vaillamment executees. Et en vn autre paſſage du 40. liu. En tous les deux autels, dit-
il, il y auoit des lettres Grecques & Latines
engrauees. Bref ie ne puis eſtimer, que ſi Cæſar euſt voulu ſeulement parler des characteres des lettres, & non pas de la ſubſtance,
qu'il n'euſt dit, que l'eſcriture de ces regiſtres, eſtoit en forme de lettres Grecques, &
nō pas ſimplemēt en lettres Grecques. Ainſi
parle Tacit. au liu. 11. Il adiouſta, dit-il, parlant de l'Empereur Claudius, de nouuelles
formes de lettres aux ancienes: cōſidɛrāt que
l'alphabet des Grecs, ne pouuoit auoir eſté
cōmencé & amené à ſa perfectiō, tout en vn
coup, & tout à vne fois. Et vn peu apres: Les
lettres Latines, ont la meſme figure, que les
plus ancienes des Grecs. Mais à fin qu'on ne
trouue point eſtrange, que ce mot de Grecques ſe ſoit coulé dedās le texte de Cæſar, ie
produiray vn paſſage tout ſemblable du 8.
liu. chap. 57. de Pline, pour l'aſſortir auec ce-
ſtuy-cy: dont la ſubſtāce eſt telle: La premiere couſtume, en laquelle toutes les nations
vniuerſellement, ſe ſont trouuees d'accord
par quelque ſecret mouuemēt, & cōme ſans
y penſer, ça eſtè d'vſer des lettres des Ioniēs.
Et in-

Et incõtinent apres:la feconde ç'a efté d'a-
uoir des barbiers. Et confequémenr, là troifieme, a efté en l'obferuatiõ & en l'vfage des
heures. Car il eft bien aifé à iuger, qu'il faut
fans doute ofter ce mot(des Ioniẽs)nõ feule
ment pourautant qu'il eft inutile & fuperflu
(car l'intention de Pline n'eft,finon de dire,
que la premiere chofe,en laquelle toutes na
tions ont cõfenty & fe font accordees. ç'a e-
fté à lire & à efcrire)mais aufsi d'autant que
ce feroit chofe fauffe de dire, que les letres
des Ioniés euffent efté les premieres,qui euf
fent eu cours entre les hommes: comme il
appert par le 1.chap. du mefme liure de Pline,& de l'onzieme liu.de Tacitus. Mais tou
tefois fi ay-ie apperceu deux paffages, l'vn
dedans Gregoire de Tours,au 5.liure.L'autre,dedans Aimoinus,au 3.liu. chap. 41. qui
monftrent cõme il femble, que les Gaulois
ont vfé quelque fois des formes de letres
Grecques. Car parlans du Roy Chilperis,
ils difent, qu'il adioufta quelques letres
aux noftres:c'eft à fcauoir, ω, ψ, ζ, φ. Et enuoya letres & mandemens par tout fon
Royaume, enioignant expreffément à tous
maiftres d'efchole, de enfeigner ainfi les
enfans: toutefois Aimoinus n'en nõme que
ces trois:à fauoir:χ,ϑ,φ,Mais il faut prédre

cecy dextrement, & fuppofer que ceux-cy
n'eſtoyent plus de ces anciens Gaulois, dõt
parle Cæſar, ains Frãçois, ou pluſtoſt Frãcs
gaulois, c'eſt à dire, Frãçois meſlez, de Gaulois & d'Alemãs, leſquels vſoyent de la langue Germanique, qui leur eſtoit naturelle,
& non pas de celle des vieux Gaulois, dont
l'vſage s'eſtoit perdu ſous la dominatiõ des
Romains: mais outre cela, ſi les letres Grec
ques, euſſent cõmunement eſté en vſage entre les François, pourquoy euſſent-ils oublié ſeulement celles-là, puis qu'ils ſe ſer-
uoyent de toutes les autres? Mais à l'auentu
re eſt-ce aſſez parlé de ce propos. Il reſte
encoré à reſpondre à l'opinion de ceux qui
eſtiment, que les Gaulois parloyent Alemand: mais il ne faut qu'vn ſeul paſſage de
Cæſar, pour leur prouuer du contraire, où
il dit, qu'Arioviſtus Roy des Alemans par
loit communement le langage des Gaulois,
lequel il auoit appris par long vſage de han-
ter la Gaule. Mais l'opinion, qui a le plus
d'apparence de verité, c'eſt celle à mon iugement de ceux qui eſcriuent, que les Gaulois auoyent vn langage à part, & non gueres different de celuy des anciens Anglois:
& y a deux raiſons, qui me le font croire. La
premiere, pourautant que Cæſar eſcrit, que
c'eſtoit pour lors la couſtume, que ceux, qui
vou-

vouloyent auoir vne parfaite cognoiffance
de la difcipline des Druydes, paffoyent ordinairement en Angleterre. Or auoyent-ils
vne maxime entre eux, de ne mettre rien par
efcrit, & ne fe feruoyēt de liures, ny d'efcri-
tures en façon quelcōque: au moyē dequoy,
il falloit qu'ils parlaffent le mefme langage,
ou à tout le moins approchant de celuy qui
eftoit en vfage en Gaule. L'autre, pource
que Cor. Tacitus, en la vie d'Agricola e-
fcrit, qu'il n'y auoit pas grāde difference entre le langage des Anglois, & des Gaulois.
Et fi on peut fonder quelque iugement fur
des fimples coniectures, celle de Beatus
Rhenanus, ne me femble pas trop impertinente, lequel a opinion, que le patois vulgaire de ceux que nous appellons Bretons
Bretōnans, eft encore quelque refte du demeurant de noftre langage ancien: quāt aux
raifons, efquelles il fe fonde, il vaut mieux
les cercher au liure, où il les deduit luy-mef
me, que les reiterer icy. Voila tout ce que
nous pouuons vray-femblablement dire du
vieux lāgage de nos premiers Gaulois. Mais
celuy dont nous vfons auiourdhuy, il eft affez aifé à voir, que c'eft vne langue ramaffee
& compofee de plufieurs autres. Et pour
en dire nettement & au vray ce qui en eft, il
faut departir noftre lāgage Frāçois en qua-

tre : & de ces quatre parts , il en faudra premierement oſter iuſtement la moitié , & la
rapporter aux Romains , en recognoiſſant
que c'eſt d'eux que nous la tenons : comme
ceux qui ont tãt ſoit peu gouſté la langue La
tine, le ſcauẽt biẽ. Car outre ce que les Gau
lois aſſuiettis par les Romains, s'accommo
doyẽt, ou de nature, ou par neceſſité à leurs
manieres de faire & à leur lãgue:on ſcait aſſez d'autre part, que les Romains eſtoyent
fort curieux de loger leur langue Latine,où
ils auoyent planté leurs armes , afin qu'elle
fuſt receuë par tout (ainſi que le teſmoigne
Valere le gr.) & pour ceſt effet, ils faiſoyent
dreſſer colleges & Vniuerſitez, par toutes
les bonnes villes, comme à Autun,à Bezan-
çon,à Lyon,& ailleurs,ce qu'on peut apprẽ-
dre de Tacitus,& du poëte Auſonius. Quãt
à l'autre moitié de noſtre langage , il la faut
encore repartir en trois, dõt nous donnerõs
la premiere part aux antiques Gaulois,la ſeconde aux Frãçois, qui ſe mirent en leur pla
ce , & la troiſieme , aux letres & diſciplines
des Grecs, qui auoyent la vogue pour lors.
Car qu'il ſe trouue en noſtre lãgue vulgaire
infinis mots de l'ancien Frãçois, c'eſt à dire,
de l'Alemand,(cõme nous monſtrerons cy-
apres)il n'y a pas faute de gens, qui en ayent
deſia fait la preuue. Il y a auſſi pluſieurs per
ſon-

fonnages d'eminēt fcauoir, qui ont affez clai
rement defcouuert cōment noftre langue a
bien fceu dextrement emprunter beaucoup
de termes de la Grecque, pour s'en orner,&
les accommoder à fon vfage. Et faut attri-
buer la caufe de cela, nō point aux Druydes
(car ie ne penfe pas, qu'ils ayent iamais parlé Grec) mais à la frequētation qu'ils auoyēt
auec les Maffiliens & aux efcholes, dont
nous auons parlé cy deffus.

¶ De l'eftat de la Gaule, depuis qu'elle fut
reduite en forme de prouince par les
Romains.

C H A P. I I I.

'Eft vne chofe, tenue pour
toute affeuree entre toutes
gens de fcauoir, que la Gaule
fut long tēps haraffee des Ro
mains, & affoiblie par plu-
ficurs grandes defconfitures, dont elle fut
batue, & que finablement C. Cæfar apres
la plus longue, & la plus perilleufe guerre
qui fut iamais, & plufieurs groffes batailles
qu'il gaigna, la fubiugua & conquit toute
entierement, & la reduifit en forme de prouince. Ce fut certainement la deftinee de
cefte puiffante & belliqueufe nation, qui la
conduifit à ce poinct-là, à fin qu'elle fuft auf
fi bien que les autres affuiettie à la parfin,

sous la puissance de la grande Beste (ainsi
qu'elle est appellee par Daniel le prophete)
combien qu'au demeurant, elle eust debatu
contre elle, l'espace de huict cens ans(côme
dit Iosephe)la souueraineté de l'empire : &
bien souuent auec tel auantage,que les Romains l'ont tousiours plus redouté & plus
craint qu'autre nation quelcôque. A raison
dequoy Plutarque en la vie de Camillus &
de Marcellus, Appian.au 2. liu. des guerres
ciuiles.Liuius,au 8.liure.& 10.ont laissé par
escrit,Que les Gaulois firent si grád froyeur
aux Romains , lors qu'ils prindrent la ville
de Rome, qu'ils firent vne ordonnáce, que
de lors en auant,les prestres & gens de religion,seroyent dispensez & exeupts d'aller à
la guerre , excepté quand les Gaulois s'ele-
ueroyent. Ciceron touche cela mesmes en
la 2.de ses oraisons Philippiques. Cæsar
mesme au 6. liu. des com. & apres luy Tacitus au liure de la maniere de viure de l'A-
lemaigne escriuent, qu'il fut vn temps, que
les Gaulois surpassoyent de beaucoup les
Alemans en force & en vaillance , iusques à
aller courir les premiers sur leurs terres , &
planter des Colonies au delà du Rhein,
pour descharger leur pays, qui n'estoit pas
suffisant pour nourrir vne si grande multitude. Mais aussi tost que leur liberté leur
fut

fut oftee , ils perdirent beaucoup de celle
anciene vertu , & Tacitus n'en attribue la
caufe à autre chofe qu'à cela:au liu.de la vie
de Agricola : Nous auons, dit il, ouy dire,
que les Gaulois furent autrefois merueil-
leufement hardis & adroits aux armes: mais
depuis la pareffe fe coula entr'eux , auec le
repos & l'oyfiueté , qui amolist & deftrem-
pa du tout la vigueur de leur courage, & de
leur hardieffe : apres qu'ils eurent perdu
leur liberté, & leur vertu tout enfemble.
Toutefois pourautant qu'il eft permis de fe
laiffer aller quelquefois à l'amour de fon
pays, confiderons encore vn beau tefmoi-
gnage, que rend Iuftin à la vertu des Gaulois,au 24.de fes hiftoires. Les Gaulois,dit-
il, eftans fi fort accreus en nombre d'hommes, que le pays,qui les auoit portez, n'e-
ftoit pas affez grand pour les tenir, enuoyerent dehors trois cens mille hommes, pour
aller cercher autres terres à habiter. Et d'i-
ceux,les vns pafferent en Italie,dont ils oc-
cuperent vne bonne partie,brulerent & fac-
cagerent la ville de Rome: les autres fe iet-
tans du cofté de l'Efclauonie,trauerferent à
force d'armes,toute la terre ferme de l'Europe,& s'arrefterent en Hongrie:nation af-
pre , hardie & belliqueufe, laquelle ofa la
premiere apres Hercules,qui en acquit vne

eternelle gloire entre les hômes, & la repu-
tatió d'eſtre immortel, forcer la hauteur infinie des Alpes, à trauers les grãs monceaux
de glaces & de neges, & des lieux, où il ne
peut durer ny beſtes, ny hômes, pour le grãd
froid qu'il y fait:& de là ſe iettãs ſur les Pan-
nonies, les ſubiuguerent : & s'y eſtans finablement arreſtez, paſſerent vn lõg temps en
cõtinuelles guerres, courãs ſur leurs voiſins,
& leurs voiſins ſur eux. Depuis eſtans amor
chez par ſucces de leurs victoires, à tirer plˀ
auant en pays, ſe diuiſerent en deux armees,
dõt l'vne alla rauager la Grece, & l'autre la
Macedoine, auec vne telle violence, que rien
ne pouuoit durer deuãt eux, & là où ils trou
uoyent à combatre, ils emportoyent & ra-
cloyẽt tout ſi furieuſemẽt, qu'ils ſembloyẽt
vne foudre par tout où ils paſſoyent: de maniere qu'au ſeul nõ des Gaulois tout le mon
de trembloit, & les redoutoit tant, que les
Roys meſmes venoyent les premiers au deuãt d'eux, auec preſens pour acheter la paix.
Et au liure enſuyuãt, La ieuneſſe Gauloiſe,
dit-il, eſtoit lors en ſi grand nombre, qu'elle
s'eſpãdoit ſur toute l'Aſie, cõme vne groſſe
nuee de mouches: bref les Roys de l'Orient
ne faiſoyent pas vne guerre, qu'ils n'euſſent
touſiours des Gaulois à leur ſoude : & ceux
qui eſtoyent dechaſſez de leurs Royaumes,
n'auoyent

n'auoyent recours ailleurs , qu'à l'aide des
Gaulois. Mais à l'aduenture, est-ce assez par
lé de la vaillance & vertu des Gaulois au
fait des armes : laquelle toutefois (comme
nous disions n'agueres) s'esuanouit aussi tost
comme leur liberté. Ce nonobstant depuis que les Romains eurent asseuré l'e-
stat de leur prouince en la Gaule, il y eut
encore quelques vnes des Citez, qui retindrent leur liberté, côme celles des Neruiës,
des Suessioniens, des Vlbanessiens, des Leu
ciens : quelques autres demeurerent alliees
des Romains : comme celles des Lingones,
des Rhemiës, des Carnutes, & des Aeduiës :
ainsi que le tesmoigne Pline, au 4. liu. ch. 17.
Or quel estoit l'estat & condition de celles,
qui estoyent gouuernees en forme de prouince , on le peut recueillir du 7. des Com.
de Cæsar, où il y a vn beau discours d'vn Cri
tognatus Auuergnat, qui est de telle substan
ce, Si vous ignorez, dit-il, ce qui se fait és na-
tiôs vn peu plus esloignees de nous, côside-
rez côment celle partie de Gaule , qui nous
côfine, est traitee : laquelle estant régee sous
vn gouuernemêt de prouince, a esté côtrain
te de changer de loix & de police , & trem-
blant au regard des haches Romaines , ge-
mit sous le faix de seruitude. Or ceste seruitude icy , qui luy auoit esté imposee, estoit

de trois fortes. La premiere, c'eſt qu'il leur
falloit receuoir des garniſons dedãs toutes
les villes, combien qu'au demeurant les Ro
mains n'enuoyaſſent pas grandes forces dedans les prouinces, qui ſe maintenoyét paiſ-
ſibles. Et de fait Ioſeph. au 2. liu. de la guerre des Iuifs, dit, que du téps de l'Empereur
Titus, il n'y auoit en tout que mille & deux
cens hommes de guerre, ordonnez pour la
garde de la Gaule : nonobſtãt qu'ils euſſent
combatu pour defendre leur liberté, à l'encontre des Romains, preſque l'eſpace de
trois cens ans : & qu'il y euſt preſque plus
de villes, que de ſoldats Romains en la Gau
le. L'autre poinct de ſeruitude eſtoit, que
les prouinces eſtoyent tenues de payer tailles & tributs aux Romains, & pour ceſt effet, eſtoyent contraintes de ſouffrir des pea-
gers, fermiers, & gabelleurs, c'eſt à dire, des
harpyes, & des ſanſues, qui les mangeoyent
& ſucçoyent leur ſang. Et Eutropius à laiſſé
par eſcrit, que Cæſar ayãt ſubiugué la Gaule, la condamna à payer par forme de tribut
aux Romains vn million d'or. La troiſieme
ſuietion, dont les prouinces eſtoyent char-
gees, c'eſtoit, qu'elles n'vſoyent plus de leur
police, ny de leurs loix ancienes & accouſtu
mees, ains falloit qu'elles obeiſſent aux ma
giſtrats & gouuerneurs, qui leur eſtoyent
enuoyez

enuoyez auec plein pouuoir, & fouueraine
authorité, d'adminiſtrer iuſtice, & alloyent
accompagnez de leurs ſergens, qui portoyēt
deuant eux les faiſceaux de verges, & les haches, comme deuant des Lieutenans du peu
ple Romain. Ceſte triple ſeruitude affligea
tellement toutes les prouinces, & principalement nos Gaulois, qu'ils ne la peurēt longuement ſupporter. A raiſon dequoy (ainſi
comme Cor. Tacitus le raconte) bien peu
de temps apres les conqueſtes de Iules Cæ
ſar, ſous l'empire de Tiberius, les prouinces de la Gaule, eſtans accablees de tailles,
& extremement affligees par l'auarice des
gabelleurs & vſuriers Romains, & auſsi par
l'inſolence & arrogance des gouuerneurs, &
des gens de guerre, qui eſtoyent en garni-
ſon, ſe ſouleuerent toutes à vn coup. Autant
en firent-ils durant l'empire de Neron. Car
(ainſi que recite Suetone, au 40. ch.) le mon
de ayant ſouffert vn tel prince, enuiron l'e-
ſpace de treze ans, auec vne incroyable pa-
tience, finablemēt l'abandonna: la rebellion
ayant eſté commencee par les Gaulois. Or
auoyēt les Romains departy toutes les Gau
les en ſeze gouuernemens, ou prouinces, leſquelles ils nommoyent ainſi : la Viennoiſe,
la Narbonéſe premiere, la Narbonenſe ſeconde, l'Aquitaine premiere, l'Aquitaine

seconde, celle de Neuf nations, les Alpes
maritimes, la Belgique premiere, la Belgique seconde, l'Alemaigne premiere, l'Alemaigne seconde, la Lyonnoise premiere, la
Lyonnoise seconde, celle des Sequaniens,
& les Alpes Grecques: ainsi comme en font
le denombrement Antoninus, & Sextus
Rufus: mais elles sont encores mieux speci-
fiees par le menu, dedans le 15. liure d'Ammianus Marcel. Mais pour retourner au
propos que nous auions encommencé, on
ne sçauroit croire, combié les Gaulois porterent impatiemment les extorsions, pilleries & outrages des Romains, & combien
de fois, à ceste occasion, ils se mutinerent
contre eux: mais ne se sentans pas assez
forts, de pouuoir auec les forces du pays, se
desfaire de leur tyrannie, ils attirerent quelquefois les Alemans à leur secours: dont
il aduint, que le nom des François commença peu à peu à se couler & appriuoiser
en la Gaule. Car dés lors les Alemans, soit
qu'ils eussent esté batus par les Romains,
ou (ce que ie croy plustost) gaignez sous
main par argent, commencerent de s'habi-
tuer en la Gaule: & semble bien, que c'est
cela mesme que Suetone à voulu dire en la
vie de l'Empereur Auguste. Car il raconte
là qu'Auguste confina les Alemans au delà
de la

de la riuiere d'Albis, & trãsporta en la Gau
le les Sueuiens & les Sicambriẽs, qui se sou-
mirẽt à sa mercy, en leur assignãt des terres
pour habiter au lõg de la riue du Rhein. Et
en la vie de Tiberius : En la guerre, dit il,
qu'il fit aux Alemãs, il fit passer du costé de
la Gaule, quarãte mille hõmes, qui s'estoyẽt
rẽdus à luy, & leur dõna pays pres du Rhein
pour y demeurer. Et sur ce propos, il ne faut
pas oublier, ce que Flauius Vopiscus a laissé
par escrit, touchant ce qui y aduint, du tẽps
de l'Empereur Probus: auquel tẽps presque
toute la Gaule vniuersellemẽt se rebella, &
se souleua cõtre les Romains. Car il y eut
soixante Citez, qui toutes d'vn accord prin-
drẽt les armes, pour recouurer leur liberté.
Ainsi que ses choses se passoyẽt, dit-il, l'Em
pereur auec vne puissante armee, prit son
chemin vers les Gaules, qui furent en grãd
trouble, & en grande combustion, apres la
mort de Posthumus, & vn peu apres Aurelian aussi ayant esté desfait & occis, elles fu-
rẽt occupees par les Alemãs. Mais l'Empereur Probus estant suruenu là dessus eut la
fortune si fauorable en toutes les batailles
qu'il dõna, & y fit de si heureux exploits, &
de si hauts faits d'armes qu'il osta de la maĩ
des Barbares 60. grosses villes. Et les trou-
uãt en desarroy & tous desbandez & espars

çà & là par les Gaules, comme gens, qui ne
se doutoyent pas, qu'on les deuft venir af-
faillir de dehors, il en tailla en pieces bien
quatre cens mille, qui s'eftoyent iettez fur
les terres des Romains, & chaffa le demeurant iufques au delà des riuieres de Nicrus,
& d'Albis. Au furplus, qui voudra fcauoir
combien fut cruelle & tyrannique la domination des Romains, combien de pilleries,
& d'extorfions ils exercerent, commét leur
vie fut fi villaine, & fi deshonefte, qu'elle les
rendit abominables & odieux à tous ceux
de la Gaule, & notamment aux Chreftiens,
il faut feulement, qu'il life les liures de Saluianus Euefque de Marfeille, qu'il a efcrits
de la Prouidence de Dieu. Ainfi ne fut-ce
pas de merueille, fi la poure Gaule fi cruellement traitee, cercha tous les moyens de
s'en defaire: & ne fcauroit on croire, ny pen
fer, combien de nations fortirent des Ale-
magnes à cefte occafion, qui s'efpandirent
à trauers des Gaules, eftans non feulement
fauorifees, mais mefmes y eftans appellees,
& logees par les propres mains des Gaulois. Et c'eft ce que vouloit entendre Lati-
nus Pacatus, efcriuát ainfi à Theodofe, Par
où commenceray-ie donc, dit-il, finon par
tes mal-heurs, ô poure Gaule, qui de toutes
les prouinces, où cefte pefte fe planta, te
peux

peux iustement nommer la plus defolee &
la plus miferable. Or de ces nations Ale-
mandes, qui fe defborderent ainfi, il n'y a
doute, que nos Frãçois n'en fiffent vne bon
ne partie, ainfi comme on en peut retirer
quelque cognoiffance, tant des efcrits de
Sidonius Apollinaris, comme de plufieurs
paffages de l'Euefque Saluianus.

¶ D'où furent extraits les François, qui
s'eftãs faits maiftres de la Gaule, luy
donnerent le nom de France.

CHAP. IIII.

L femble bien donc que la fui-
te de noftre propos, & la qualité du fuiet que nous traitons,
nous femond icy, de recercher
de plus haut l'origine des Frãçois, & le pays
où ils ont premierement habité. En quoy
fait grãdement à efmerueiller, que les François ayent efpandu la gloire de leur nõ, en la
plus grande partie de l'Europe, & qu'il n'y
ait point de doute, que ce ne fuft vne nation
iffue de l'Alemagne, & cependant, qu'il n'en
foit parlé en forte quelconque, ny dedans
Ptolemæe, ny dedans Strabo, ny en Pline,
ny mefme dedans Cor. Tacitus: lequel tou-

c

tefois a eſté fort curieux & diligent de cotter & ſpecifier les demeurances & les noms des peuples de l'Alemaigne. Car quant à ce point, que le nom de France embraſſaſt vne fort longue & large eſtédue de pays, il y a aſſez d'auteurs qui le teſmoignent, mais nous nous contenterons de ceux cy. Premierement Naucler. en fait foy en ſa Chro. Generat. 27. où il dit ainſi: Charlemaigne s'appelloit Roy de France, qui eſtoit autát comme s'il euſt eſté intitulé Roy d'Alemaigne, & de Gaule. Car cela eſt bien aſſeuré, que adonc toute la Gaule, qui eſt delà les monts, toute l'Alemaigne, bref tout le pays qui s'eſtend depuis les môts Pyrenæes iuſques en Hôgrie, eſtoit entieremét côpris ſous le nô de France: dont la premiere partie, c'eſt à ſauoir la Gaule, ſe nômoit, la Frâce Occidentale: L'autre, qui côprenoit les Alemaignes eſtoit appellee, la Frâce Oriétale. Et toutes les meilleures & plus vrayes hiſtoires s'accordét en ce point-là : côme Eguinart, en la vie de Charlemaigne: La riuiere de Sala, dit il, fait la ſeparation des Thoringiens, & des Sorabiês, & tout au pres habitét les Frâçois, qu'on ſurnôme Orientaux. Ott. Friſ. Chr. 5. ch. 9. parlant du Royaume de Dagobert, dit que l'empire des François eſtoit de ſi grâde eſtédue, qu'il embraſſoit toutes les nations,

qui

qui font depuis l'Hefpagne, iufques en Hon
grie, & côprenoit fous foy, deux fort belles
principautez, celle d'Aquitaine, & celle de
Bauiere.mais au 6.liu.cha.17. il en difcourt
bien plus amplemēt, & God.de Viterb.qui
l'a enfuiuy, & qui en a tiré quafi de mot à
mot tout ce qu'il en a efcrit dit aufsi, cõ la 17
partie de fes Chr.fous l'an 881.Que l'Empe
reur Arnoul gouuernoit la France Orientale,qu'on nōmoit de fon tēps le Royaume
des Teutōs,fous lequel eftoyēt côprifes tou
tes ces prouinces icy, à fauoir Bauiere,Sue-
ue,Saxe, Turinge, Frife,& Lorraine: & que
Odō tenoit la Frāce Occidētale.Et luy mef
mes fous l'an 913.I'ay dit-il, appris par la cō
ferēce de plufieurs hiftoires, que le Royaume des Teutōs,que l'ēpereur Frideric tient
pour le iourdhuy, eft vne partie du Royaume des Frāçois. Car les premiers François
habiterent tāt au deçà qu'au delà du Rhein,
au pays qu'on appelle la Frāce Oriētale, iuf
ques aux confins de Bauiere. Mais ce qu'on
appelle la Frāce Occidētale,c'eft ce Royau
me,qui eft deçà & delà les riuieres de Seine
& de Loire. Et bien peu apres, il adioufte:
Que du temps de Charlemaigne Roy de
France,toute la Gaule vniuerfellemēt,c'eft
à fcauoir la prouince Celtique,la Belgique,
& la Lyonnoife,& tout tant qu'il y a de l'A-

lemaigne, depuis le Rhein, iusques en Escla
uonie, tout cela n'estoit qu'vne France. Et
fait bien aussi à noter, ce que Regino en a e-
scrit en la Chron. de l'an 5 7 6. C'est que le
Roy Pepin, estant decedé, le Roy Louis son
fils, apres auoir assisté au deces de son pere,
& auoir celebré les obseques de ses funerail
les, estoit resseant en la ville de Francford,
comme le principal siege du Royaume de
la France Orientale. Luitprand de Pauie, au
1. liu. chap. 6. Et fut conclud, dit-il, que Vui-
do auroit pour son partage la France, qu'on
appelle Romaine, & Berenger l'Italie. Et vn
petit apres : Ainsi comme il vouloit entrer
dedans la France, qu'on surnôme Romaine.
Si semble biê qu'ils appelloyêt la Frâce Romaine: premieremêt, pourautât que les Frâçois s'estoyent saisis de la Gaule, qui auoit
esté en la suietion des Romains : seconde-
ment, par ce que la langue Romaine auoit
cours en tout ce pays-là, côme il a esté dit
cy deuant : & de là est extraite celle anciene
façon de parler : Parler le Romand, par laquelle, on entendoit ceux qui ne parloyent
l'Alemand, ou le François. Ainsi le tient
Otton Frising. Chro. 4. chap, pen. Il me sem
ble bien, dit-il, que les François, qui habitent és Gaules, ont emprunté des Romains,
la langue dont ils vsent encore auiourdhuy.
Car

Car les autres, qui demeurent au long du
Rhein, & ceux qui sont restez en Alemaigne, parlēt le Theutonique, ou l'Alemand.
Godefroy, qui la voulu imiter en escrit tout
autant. Il m'est bien aduis, dit-il, que les
François ont appris la langue qu'ils parlēt,
de ces anciens Romains, qui ont autrefois
tenu ces pays-là. Tous lesquels passages tōt
ample foy, que le nom François, estoit lors
en tref-grande reputatiō, & qu'il s'estendoit
bien loing: cōme celuy, qui occupoit la plus
grande partie de l'Europe. Il y a mesme des
auteurs qui tesmoignent, que les Alemans,
que l'Empereur Frideric 2. transporta au
Royaume de Sicile & de Naples, leur as-
signant terres & possessions pour s'asseurer
du pays, s'appelloyent François.   Comme
Pierre des Vignes, au liu. 6. des Epist. chap.
25. où il dit, Vsant du droit des François.
c'est à scauoir, en ce poinct, Que l'aisné suc-
cedast à l'heritaige du fief noble, par droit
d'aisnesse, les puisnez, estans deboutez de la
succession. Et l'Empereur Frideric 2. au 2.
liu. tit. 32. des constit. Neapol. les nōme aussi de ce nom, quand il dit, Les cas, qui se pre
sentoyent à nous sur ceste matiere, touchāt
les François, lesquels mettoyent leurs biens
& leurs personnes, au hasard d'vn combat
d'homme à homme en camp clos. Et con-

sequemment : La susdite façon de preuue,
dont vsoyent ceux qui viuoyent selon la police des François. Et au 2.liu. tit. 33. Lequel
droit nous voulons estre commun,tant aux
François, côme aux Lombards, en tous differens,& en toutes causes.Or nonobstât ces
tesmoignages si formels Gregoire Euesque
de Tours,qui a escrit de l'origine des François,depuis huict cens ans en ça, proteste à
l'êtree de son histoire, que quoy qu'il se fust
soigneusement enquis, d'où ils estoyent extraits, toutefois il n'en auoit rié peu scauoir
au vray:combien qu'au demeurant il eust vn
de leurs anciens historiens nommé Sulpi-
tius Alexander : mais qu'il ne disoit rien du
tout ny des pays où ils auoyêt premieremét
habité, ny des commencemés de leur Roy-
aume.Mais quant à moy,ie treuue en confe-
rant les auteurs, les vns aux autres, que les
Frâçois demeurerét premieremét és terres
qui sont entre les riuieres de Albis, & du
Rhein,ioignant la mer Oceane,environ l'en
droit, où les Geographes ont accoustumé
d'asseoir les Chauciens grans & petits:peu-
ple (comme dit Tacitus) qui estoit des plus
grans de l'Alemaigne,& maintenoit sa gran
deur par innocence & iustice, confinant aux
Batauiens,qui sont bas Alemans, & Hollan
dois. Car en premier lieu,il est bien asseuré,
que

que les François habitoyent le long de la
coſte de la mer en lieux fort mareſcageux,
& qu'ils eſtoyent fort entendus au fait de la
marine, & biē experts aux combats de mer.
Et de cecy peut-on tirer certaines preuues
des liures anciens : notamment du poëte
Claudian, là où il cōgratule à Stilicon pour
ſes victoires, és vers qu'il en a faits en telle
ſubſtance:

Le Chayc ne tient plus le pas de la fron-
tiere,
Quand les troupeaux Flamās trauerſeut
la riuiere,
Et le berger Gaulois, mene au trauers
d'Albis
Sur les monts des François esbatre ſes
brebis.

Et au regard du voiſinage de la mer, nous
l'apprenons d'vn Panegyric adreſſé à l'Empereur Conſtantin, où l'orateur parle ainſi:
Que diray-ie derechef des nations de France les plus reculees, qu'on a tirees, nō point
de ces lieux, que les Romains auoyēt cōquis,
mais de leurs ancienes habitatiōs, & de leurs
ports & riuages du fond de la Barbarie, afin
qu'eſtās miſes aux endroits deſerts & depeu
plez de la Gaule, elles aſſeuraſſent l'eſtat &
la paix de l'ēpire Romain, & fourniſſēt gens

pour la guerre. Et en vn autre Panegyric l'orateur Eumenius, dit en ceſte ſorte : Celle terre, qui ceſſe maintenant d'eſtre barbare, n'eſtoit pas moins chargee, & par maniere de dire, noyee, par la façon de viure eſträge & beſtiale des François, que ſi les riuieres, qui la baignēt tout à l'entour, & la mer, qui bat ſon riuage, ſe fuſſent debordees ſur elle. De cela meſme nous donne aſſeurance Procopius au 1. liu. de la guerre des Gots: car au paſſage, auquel il deſcrit l'endroit, où le Rhein ſe deſcharge dedans l'Ocean, il dit, Que tout ce pays-là, eſt plein de grans mareſts: anciene reſidence des Alemans, qui eſtoit vne nation barbare, & dont on ne faiſoit pas grand conte pour lors: & que de ſon temps, on les nommoit François. Ce paſſage de Procopius, eſt auſſi allegué dedans le 3. tome des Annales de Zonare. Et pouuons retirer cela meſmes de Flauius Vopiſcus, qui eſcrit en la vie de l'Empereur Probus, qu'il mit les François en route, & les chaſſa iuſques en des fondrieres de mareſts inacceſſibles. Et de Sidonius Apollinaris, quäd il dit,

Tu irois iuſqu'aux mareſts
    Et iuſqu'au fond de la France,
Et le Sicambre és foreſts
    T'iroit faiſant reuerence.

Et

Et quant à ce que nous auons dit du voisi-
nage des Chauciens, il se peut aisémēt voir
par la conference des lieux, & par l'assiette
du pays, ainsi que le descriuent les Geographes & autres auteurs. Celuy des Chauciens
est descrit au 16. liu. chap. 1. de Pline : celuy
des François, par l'orateur Panegyriste, au
parauant allegué. Car voicy qu'en dit Pline.
Nous auons veu du long de l'Ocean Sep-
tentrional, les natiōs des hauts & bas Chau
ciens, où le flux de la mer se desborde deux
fois en vingt quatre heures, & regorge si a-
uant, qu'il noye vne grande espace du pays,
meslant & confondant la distinction que na
ture mise entre ces deux elemens de la mer
& de la terre, de sorte qu'à grād peine peut
on iuger, si c'est terre ferme, ou bien si c'est
vne partie de la mer. Voicy aussi ce qu'en
dit le Panegyriste: combien que poursuyuāt
tes diuines conquestes. Cæsar, tu ayes cou-
ru & gaigné toute celle contree, au trauers
de laquelle se traine la riuiere du Rhein par
des canaux obliques & tortus, & la va mi-
nant par dessous, toutefois en maniere de
parler, ce n'est point proprement vne terre:
attēdu qu'elle est si fort destrempee par les
eaux, que non seulement celle-là, qu'on des-
couure aisément à l'œil, n'estre autre chose
que bourbier & marest, est molle & enfon-

drante : mais aussi celle qui semble estre plus ferme à la voir par le dessus , tremble toute quand on y marche. Nous auõs donc finablement esclarcy & descouuert le pays, d'où partirent les François, pour s'en venir és Gaules, c'est à scauoir , celle coste mares-cageuse, qui est entre les riuieres d'Albis, & du Rhein, tout ioignant l'Ocean. Mais ce qui plus me semond à le croire , c'est la maniere de viure qu'ils tenoyent, & ce que les auteurs racontent, qu'ils estoyent gens ad-uentureux & hardis, & fort experts au fait de la marine , pillans & rodans tout au long de celle coste: comme on le peut voir, au 9. liu. d'Eutropius, où il deduit l'histoire de l'Empereur Gallien, & parle d'vn certain Carau-sius, à qui la charge & commission fut don-nee, de nettoyer la mer de Flandres, & tou-tes les costes de Bretaigne , & de Picardie, où les Francois , & les Saxons souloyent es-cumer: à quoy s'accorde ce qu'en dit Orose au 7. liure de ses histoires. Il y a vn autre en-droit du Panegyric, desia souuent allegué, où l'orateur parle encore des François, qui firent voir leurs armes , iusques en Hespa-gne. Les François, dit-il, estoyent si coura-geux & si bouillans de combatre, qu'ils pas-serent mesmes l'Ocean , & allerẽt courir & rauager les Hespagnes. Et à raison de cela
l'Em-

l'Empereur Iuſtinian declarant l'office du
Gouuerneur de l'Afrique, fait mention des
François, qui auoyent empieté vn coing de
la Gaule ſur les frõtieres d'Heſpagne. Mais
entre tout ce qu'en diſent les auteurs, il n'y
a rien de plus memorable, ne qui face mieux
cognoiſtre leur vaillance, que ce qu'en dit
encore le Panegyric, à ſcauoir, Que l'Empereur Probus, les ayant desfait en bataille, en
emmena quelques compagnies priſonnie-
res, & les confina en la prouince de Pont:
mais ces compagnies ayans recouuré quelques nauires, eſchapperent de là, coururent
toute la Grece & l'Aſie: gaignerẽt la Sicile,
& prindrent la ville de Syracuſe : & puis s'e-
ſtãs chargez de butin & de deſpouilles, s'en
retournerent par la mer Mediterranee, &
entrerent dedans l'Ocean, par le deſtroit
des colomnes d'Hercules. Brief la hardieſſe incroyable de ces priſonniers là, effroya
tellement tout le monde, qu'on vit bien
qu'il n'eſtoit poſsible de tenir des gẽs ſi de-
ſeſperez, qui ſe iettoyent la teſte baiſſee, &
s'aduenturoyent à entreprendre toutes choſes hazardeuſes. Et faut rapporter auſsi à ce
propos, les paſſages des auteurs, qui diſent,
que le pays des François confinoit aux terres de Hollande, comme celuy de ceſt orateur, où il parle aux Empereurs Maximian,

& Conſtantin. Il rompit, dit-il, & emmena
pluſieurs milliers de François, qui auoyent
occupé le pays de Hollande, & autres terres
de delà le Rhein. Le paſſage du 20. de Cor.
Tacitus, eſt auſſi remarquable, où diſcou-
rât du voiſinage des pays de Friſe & de Hol
lande, il y met auſſi les Caninefats, & deſcrit la façon qu'ils tenoyent d'elire leur
Roy, qui eſt celle-là meſme, qu'obſeruerēt
depuis les François, ainſi comme nous dirons cy apres: mais voicy ce qu'il en dit. Et
depeſcherent, dit-il, ambaſſadeurs vers les
Caninefats, pour les attirer à leur ligue. Ce
peuple-là, tiēt vne partie de l'iſle: au demeurant, quant à leur origine, en langage & en
vailláce, ils ſont aſſez eſgaux aux Hollādois:
mais ils ſont moindres en nombre. Et bien
toſt apres: Il y eut vn Brinio, lequel ils mirēt
ſur vn grand pauois, ſuyuant leurs ancienes
couſtumes, & l'ayans hauſſé deſſus leurs eſpaules, l'eleurent pour leur Chef. Ces teſmoignages ſont ſi cōformes les vns aux autres, que ie ne me puis aſſez eſbahir du iuge
ment d'Adrianus Turnebus, homme d'auſ-
ſi rare ſauoir, qu'il y en ait eu de noſtre tēps:
lequel paſſant par deſſus tant d'authoritez
des anciens auteurs dit, qu'il eſt d'opinion,
que les François furent extraits du pays de
Scandinauie: ne ſe fondant ſur autre raiſon,
ſinon

sinon que sur ce que Ptolemæe faisant le denombrement des nations de celle isle, y con
te les Phirassois, qui est vn terme corrompu, selon son aduis, & qu'il y faut mettre au
lieu de Phirassois, François. Qui est certai-
nemént vn aduis plustost fondé sur apparen
ce de coniecture, que sur vn ferme discours
de raison: attendu mesmes qu'il n'y a auteur
ancien, qui n'y contredise. Quãt aux autres,
qui pour le goust qu'ils ont pris à des fables
& contes faits à plaisir, ont r'apporté l'origine des François aux Troiens, & à vn ne
scay quel Francion fils de Priamus: ie n'en
veux dire autre chose, sinon qu'ils ont plustost fourny de matiere à escrire aux Poëtes,
qu'aux historiens veritables: & semble bien
que Guillaume du Bellay doit tenir le premier reng de tous ceux qui s'en sont meslez:
lequel estãt au demeurant tenu pour vn des
plus gentils esprits, & d'ausi bon scauoir,
qui ait esté de ce temps, s'est neãtmoins tãt
licencié en son liure, des Antiquitez de la
Gaule, & de la France, qu'il semble proprement, qu'il n'ait pas entrepris de deduire vne histoire Françoise: ains plustost des contes d'Amadis
de Gaule.

¶ Du nõ des Frãçois, & des diuerses cour
ses, qu'ils firent en Gaule, & en quel
temps, ils y establirẽt leur Royaume.

C H A P. V.

MAIS il est temps maintenant,
que nous recerchions de plus
pres, d'ou peut estre venu le nõ
des Frãçois: lequel nous ne trou-
uons point en la description que font les
Geographes de la Germanie, cõme nous a-
uons dit cy dessus. Et pour dire brieuement
ce qui en est, il faut de deux choses l'vne,
c'est à scauoir, ou que les Frãçois, quoy que
leur nation fust au parauãt obscure, cachee
& incognue, ayent donné leur nom, à ceux
qui s'estoyent adioints à eux, & auoyent en-
suiuy leur exemple, comme ayans les premiers ietté les fondemens de la liberté & se-
coüé le ioug de la dominatiõ des Romains,
(ne plus ne moins qu'il est aduenu entre les
Cantons: car ceux qui les premiers encou-
ragerent les autres, & tindrent la main au
recouurement de la liberté, estans de Suitz,
qui est le moindre de tous les Cantons, acquirent tant de reputation pour cest exploit
là, que de lors en auant, tous les autres Cantons des Heluetiens, en voulurẽt estre nom
mez Suisses.) Ou bien, ce qui me semble le
plus

plus approchant de verité, il faut dire, qu'a-
pres auoir mis à chef vne si belle entreprise,
ceux qui auoyēt esté les principaux auteurs
de recouurer la liberté, se nōmerent Frācs:
qui vaut autāt à dire en Alemāt cōme libres,
& hors de seruitude:& par ce moyen, l'occasion presente, leur imposa ce nō de Frāçois,
sans qu'ils y eussent autrement pensé, cōme
estant conuenable au bel exploit qu'ils venoyent de faire. Et delà viēt qu'en nostre lan
gue vulgaire, nous appellons franc, celuy qui
est libre & exempt de toute seruitude: & vn
lieu de seureté & refuge, frāchise:& pour dire, mettre en liberté, nous disons Affrāchir.
La premiere raison qui monstre, que cecy
est indubitablemēt vray, c'est ce que Procopius a laissé par escrit, au 1. liu. de la guerre
des Gots:à sauoir, que les François se nommoyent ancienement Germains, ou Alemās
du nō general de toute leur nation. Mais depuis qu'ils furēt partis de leur pays, il prindrent le nom de François. Plusieurs autres
tienent cela mesmes, comme Gregoire de
Tours, l'Abbé d'Vrsp. Sigebert, Adon de
Viēne, & Godfroy de Viterbe: c'est à sauoir
que le nō des Frāçois fut tiré de là, pource
qu'ils s'estoyent affrāchis.& qu'ils auoyēt vn
courage magnanime & feroce (comme ils
parlent faisans allusion au mot de François)

de forte, qu'ils oferent bien mefmes refufer
de payer tribut à l'Empereur Valentinian,
comme faifoyent les autres peuples: L'autre raifon eft fondee fur ce que dit Tacitus,
au 20. liure, où il parle des Caninefates (qui
eftoyent proches voifins des François, ou
pluftoft les Fraçois mefmes, ainfi que nous
auons monftré nagueres) & où il defcrit la
premiere victoire, qu'ils gaignerent fur les
Romains : car il efcrit que celle victoire fut
fi illuftre pour lors, que le bruit en courut
par tout: mais qu'elle eut encore plus grãde
efficace pour l'aduenir : de forte qu'au lieu
qu'ils n'auoyent fuffifamment, ny armes, ny
vaiffeaux, ils en recouurerent tãt qu'ils vou
lurent, & acquirent vne fi grãde reputation,
que par toute l'Alemagne, & par toute la
Gaule, ils eftoyent louez & reclamez, cõme
Auteurs de la liberté. Les Alemans mefmes depefcherent vne ambaffade vers eux,
pour leur offrir autant de fecours, comme
ils en auroyent befoin. Mais comment que
ce foit, & quel accident que ç'ait efté, qui
ait donné ce nom aux François, quant à
moy ie fuis content de croire, que ce fut cefte gentille rencõtre, de bon & heureux pre-
fage, dont il prit fon origine, de forte, que
dés lors, ceux là porterent meritoirement &
proprement le titre de François, qui ayans
                                    abbatu

abbatu la domination des tyrás, ſe maintin-
drent en liberté honeſte, meſme ſous l'authorité des Roys. Car il ne faut pas eſtimer
eſtre ſeruitudé que d'obeir à vn Roy, ny
ceux qui ſont ſuiets à vn Roy, ne doyuent e-
ſtre tenus en qualité de ſerfs : mais ceux qui
ſe ſoumettent à l'appetit d'vn tyran, ou d'vn
larron, ou d'vn bourreau, comme les brebis
au bouchier, ceux-là ne meritent pas d'eſtre
autrement appellez, que d'vn nom le plus
contemptible, dont on ſe peut aduiſer, com
me de ſerfs ou d'eſclaues. Les Fráçois meſmes'eurent bien touſiours des Roys, voire
meſmes lors qu'ils ſe nommoyent publique
ment & ſe portoyent pour auteurs & protecteurs de la liberté : mais quand ils eliſoyent
des Roys, ils ne les eleuoyent pas là pour e-
ſtre des tyrans, ou des bourreaux, mais pour
eſtre leurs Gouuerneurs, leurs tuteurs gar-
diens & defenſeurs de leur liberté : ce que
monſtroit bien la forme de la Republique
Françoiſe, comme elle eſtoit eſtablie pour
lors : ainſi que nous verrons tantoſt. Car
quant à ce qu'vn ne ſcay quel Iean Turpin,
au demeurant aſſez ſot & ignorant pour vn
moine, qui s'eſt meſlé d'eſcrire, non pas la
vie de Charlemaigne, ains pluſtoſt vne fable, barbouille du nom des François : à ſcauoir, Que celuy, qui auroit contribué quel-

que argent pour le baſtiment du temple S.
Denis, il eſtoit nommé Franc, c’eſt à dire, li-
bre:comme ſi ce mot n’euſt commencé à ve
nir en vſage, que du temps de Charlemai-
gne:cela eſt auſsi ſot, comme le reſte de ſes
contes, dont il a gaſté le papier. Mais voicy
bien ce qui s’en peut dire & aſſeurer, comme choſe toute certaine. Que celle premiere & ſoudaine impoſitiõ du nõ des Frãçois,
c’eſt à dire (cõme Tacitus l’expoſe) des Auteurs de liberté ſe trouua eſtre ſi propremẽt
rencõtree, & fut de là en auant de ſi bõne &
ſi heureuſe encontre, que de la s’en enſuyi-
rent des victoires preſque infinies. Car depuis que les Frãçois furent vne fois ſortis de
leur pays auec ceſte deliberation, ils eurẽt le
tẽps ſi à gré, qu’ils affranchirent de la tyrannie des Remains, non ſeulement l’Alemaigne, leur cõmune patrie, mais auſsi la Gaule, & finablemẽt paſſans les monts, mirẽt la
plus grãde partie de l’Italie en liberté. Au
demeurant la premiere & la plus anciene
mention de ce nom tant glorieux, & tant illuſtre, ſe trouue dedans Trebellius Pollio
en la vie de l’Empereur Gallien: qui fut enuiron l’an de ſalut 260. Ainſi comme Gallien ne vacquoit(dit il)tout le long du iour,
à autre choſe qu’à yurogner & gourmãder,
& ne ſe ſoucioit non plus du maniement
des

des affaires, que les petis enfans, quand ils
contrefont les Princes, adonc les Gaulois,
qui ont cela de nature, qu'ils ne peuuent en-
durer les Princes vicieux & diſſolus, con-
traignirent Poſthumus, qui eſtoit gouuerneur de la Gaule au nom de l'Empereur,
d'accepter l'Empire. Et vn petit apres: Gallien donc commença la guerre contre Poſthumus, & Poſthumus ayant grand nombre
de Celtes & de François à ſon ſecours, tira
ſon armee aux champs, pour aller contre
Victorinus, l'vn des Capitaines de Gallien.
Ces mots donnent aſſez à entendre, que les
Gaulois voulans ſecoüer le ioug de la domination de Gallien le tyran, ſe ſeruirēt du
ſecours des François c'eſt à dire, des Auteurs de liberté. Ce que Zonaras touche
auſſi en paſſant en la vie de Gallien: Il com-
batit, dit-il, contre les François. Il en eſt encore fait mention vne autre fois dedans Fl.
Vopiſcus en la vie de l'empereur Aurelian.
Car il dit, que Aurelian eſtant Coulonnel
d'vne compaignie de Gaulois à Mayence,
ainſi côme les François couroyent deſia tou
te la Gaule, il les attacha ſi viuement en vne
rencôtre, qu'il en demeura ſept cēs ſur la pla
ce, & en furēt pris trois cēs priſonniers, leſquels il fit vendre publiquement. Car auſſi

ne faut-il pas penſer, que nos François ayét
eu touſiours du meilleur en toutes les batailles, qui ont eſté donnees durát celle guer
re:nõ plus qu il n'aduient pas touſiours que
de toutes les guerres, qui ſont iuſtes, les eue
nemens en ſoyent heureux. Car meſmes
Eutropius, au 9. liu. & le Panegyric ſouuent
allegué recitent, qu'ils perdirent vne bataille contre Conſtantin le Grand, où deux de
leurs Roys furent pris, & depuis iettez aux
beſtes, pour en donner le paſſe-téps au peuple de Rome. Mais d'autant que l'auteur du
Panegyric parle en vn autre endroit des
guerres, qu'ils firent dedans le pays de Hollande, auquel ils confinoyent, nous auons i-
cy inſeré ſes propres mots. Il desfit, dit il,
chaſſa & emmena pluſieurs milliers de Frãçois, qui rauageoyent la Hollande & autres
terres au deçà du Rhein. Et ailleurs: Il net-
toya toute la Hollande de François, qui l'a-
uoyent occupee: & non content de les auoir
vaincus à force d'armes, les logea dedans les
prouinces Romaines, pour les accouſtu-
mer, non ſeulement à laiſſer les armes, mais
auſsi leur naturel ſauuage. En quoy on peut
apperceuoir, que Conſtátin fut comme for-
cé par la violence, & par les armes des Frãçois, de leur ottroyer finablement pays &
ieux à habiter dedans les terres de l'obeiſ-
ſance

fance de l'empire. Et en fit depuis fi grand
cas, que nous lifons dedans Amm. Marcell. que s'eftant allumee vne guerre ciuile
entre Conftantin & Licinius, ils combati-
rent vaillamment, pour le party de Conftan
tin. Et en vn autre endroit du mefme liure,
il dit, qu'il y auoit beaucoup de François à
la cour du ieune Conftantin, fils du grand
Conftantin, & qu'ils eftoyent en grande faueur & en grand credit vers l'Empereur. Et
fous l'empire de Iulian l'Apoftat, les François s'entremirent de deliurer la ville de Co
loigne, de la tyránie des Romains, qui la tenoyent oppreffee:& de fait, ils mirēt le fiege
deuant,& la forcerent de fe rendre, tefmoin
Ammian. Marcell. au 12. liure. Il y eut aufsi
quelque François, qui s'habituerēt enuiron
ce temps-là, au pres de la riuiere de Sala,
dont ils furent furnommez Saliens, & ce
font ceux, dont il parle au mefme liure: Ces
preparatifs eftans faits (dit-il, parlant de Iulian) il alla tout premierement contre les
François, qu'on appelloit communement
Saliens, qui auoyent bien ofé entreprendre de fe loger fur les terres des Romains,
en vn endroit, nommé Toxiandria. Au 10.
liure, il fpecifie nommément, qu'ils auoyēt
defia occupé vne prouince deçà le Rhein,&
la nommoyent France de leur nom. Ayant

passé le Rhein, dit-il, il courut le pays des
François, qu'on appelle Attuariens, gens
qui ne pouuoyent demeurer en repos, & qui
se promenoyēt desia hardiment par les Gau
les. Au 30. liu. il parle d'vn Roy Macrian, a-
uec lequel l'Empereur Valētinian auoit fait
paix auprès de la ville de Mayence. Et que
cestuy Macrian s'ettant ietté en Frāce, ainsi
cōme il alloit ruinant & gastant le plat pays,
& se ietroit aux dangers plus inconsideré-
ment, qu'il ne conuient à vn Prince, il donna dedans les filets, que luy auoit tendus le
Roy des François, nommé Mellobaudes, &
y demeura mort sur le champ. Aussi dit le
mesme auteur, que ce Roy Mellobaudes fut
fort vaillāt & belliqueux: & que pour sa valeur & proüesse, l'Emp. Gratian luy donna
vn estat de Côte des domestiques, c'est à dire, de Chambellan, ou de Grand maistre, &
le fit son Lieutenant General auec vn Nan-
nienus, pour conduire son armee contre les
Lantz peuple d'Alemaigne. Du temps de
l'Empereur Honorius, auec lequel ils cōtra
ēterent amitié & alliance, ils defendirent la
Gaule, que les Romains tenoyent, encontre les menees de Stillicon: Car ainsi qu'O-
rose dit, au dernier liure de ses histoires Stil
licon fit adonc souleuer les nations des A-
lains, des Sueuiens, des Vandales, & beaucoup

coup d'autres, contre son maistre, lesquelles
passerent le Rhein, & se ietterent dedans la
Gaule maugré les François. Apres le temps
d'Honorius, les historiens les laissent repo-
ser, & ne parlent que bien peu des gestes &
prouësses des François. hors mis, qu'il faut
rapporter à ce temps-là, ce qu'escrit d'eux
S. Ambroise à l'Empereur Theodose, en la
29. de ses epistres. Que les François auoyêt
desfait & rõpu plusieurs fois en Sicile, & ail
leurs vn Maximus Capitaine des Romains.
Mais vn peu apres, cõme s'ils se souuenoyêt
d'eux, ils s'accordent tous en ce poinct: a sa
uoir, que sous l'empire de Valentinian 3. qui
fut enuiron l'an de grace 450. Childeric fils
de Merouee Roy de Fr finablemêt extermi
na de tout poinct, la puissãce des Romains,
& mit la Gaule en liberté: apres que les Frãçois eurent debatu ceste querele, à l'encõtre
des Romains, l'espace de plus de deux cens
ans: & lors premierement commença à y
planter le siege de son Royaume, qui iusf-
ques alors, n'y auoit encore peu prendre
fermes racines. Car combien que quelques vns content pour les premiers Roys
de France Pharamond & Clodion le cheuelu, toutefois c'est bien chose asseuree, qu'auant eux, il y auoit desia eu plusieurs Roys de France, qui auoyent

mefme fait des courfes en la Gaule : dõt pas
vn n'auoit encore eu fiege de Royaume ar-
refté & paifible dedãs les limites de la Gaule. Quant à Merouee qu'on conte pour le
troifieme, il fut bien Roy des Frãçois : mais
au regard de la Gaule, il n'eftoit rien plus
qu'vn eftranger, & fi ne regna iamais fur les
François & Gaulois tout enfemble, ny ne
fut iamais eleu par la volonté & confentement des deux nations vnies & incorporees
enfemble. Brief tous ces premiers-là, ont e-
fté Roys des François feulement : mais non
pas des Francsgaulois, c'eft à dire, François
confondus & meflez auec les Gaulois. Mais
celuy qui fut le premier eleu, & declaré
Roy de France & de la Gaule tout enfemble par la commune voix de l'affemblee fai
te des deux nations, ce fut fans doute Childeric fils de Merouee : apres que fon pere
eut efté occis en vne groffe bataille, qui fut
donnee par les Romains contre Attila Roy
des Huns : fous l'empire de Valentinian le
tiers, Prince luxurieux, & tout gafté de vices. En ce mefme temps-là, les Anglois, &
les Efcoffois s'emparerent de la grande Bre
taigne : les Bourguignons, des terres des Sequaniens, des Aeduiens, & Allobroges : les
Gots de l'Aquitaine : les Vandales de l'A-
frique, & de l'Italie, & de la ville mefme de
Rome.

Rome. Les Huns de l'autre cofté gaftoyent
& rauageoyent la Gaule, fous la côduite de
Attila, qui menoit vne armee de cinq cens
mille hommes,& courut la Gaule iufques à
Thoulouze. Or eftoit lors Gouuerneur de
la Gaule vn Aëtius,lequel redoutant la force d'Attila, fit alliance auec les Gots : & les
ayant à fon fecours, donna vne bataille à
Attila, qui fut fi afprement debatue de cofté & d'autre, qu'on dit, qu'il ne demeura
pas moins de cêt & quatre vingt mille hommes morts fur le champ: mais Aëtius la gai
gna. Cefte fi glorieufe victoire, comme il
aduient fouuent, luy engendra l'enuie & la
haine des courtifans, lefquels le calomnie-
rent vers Valentinian, & luy mirent à fus
qu'il afpiroit à fe faire Roy: à raifon dequoy
l'Empereur le fit mourir, fans autre forme
de proçes. Mais vn peu apres, l'Empereur
fut tué luy-mefme, par ce Maximus, dont
nous auons touché cy deffus. Pendant ces
confufions Merouec Roy des François, voyant fon poinct, & que l'occafion luy eftoit
inefperément offerte de bien faire fes be-
fognes, mit force gens de guerre enfemble,
paffa le Rhein,& vint en Gaule, où il trouua plufieurs villes, qui le receurent volontiers fous efperance de liberté,& ayant donné iufqu'au fond de la Gaule Celtique, en

faifit les meilleures villes. Mais apres le
deces de Merouee, toutes les deux natiõs fe
ioignirent en vn corps de Republique, &
cleurent pour leur Roy Childeric fon fils
d'vn commun accord : & l'ayant mis fur vn
pauois, à la maniere accouftumee, & por-
té fur leurs efpaules trois fois tout à l'entour de l'affemblee du peuple, auec grand
batement de mains, & acclamations de io-
yee, le faluerent Roy de France & de Gaule. Nous auons pour auteurs de cecy Sidonius Apollinaris, Gregoire de Tours,
Otton Frifing. Aimoinus & quelques autres, defquels nous alleguerons les tefmoignages au lieu deftiné, pour traiter de l'anciene façon de facrer les Roys. Mais quant
aux villes, dont les François fe faifirent,
voicy qu'en dit Otton, au 4. liu. de fa Chro.
en termes formels. Les François, ayans
paffé le Rhein, chafferent premierement
les Romains, qui fe tenoyent là : partans de
là, ils prindrent Tournay & Cambray villes de la Gaule : & tirans plus outre, prindrent encore Rheins, Soiffons, Orleans,
Treues & Coloigne. Voila en brief ce qu'õ
treuue touchant du premier Roy de la Fran
ce & de Gaule. A quoy on peut encore ad-
ioufter cecy : Que nonobftant que le Royaume de France ait defia duré plus de mille &

le & deux cents ans, on ne conte en tout que
trois diuerses races & familles de Roys:
La premiere est, celle des Merouingieus,
qui furent extraits de Merouee, & dura leur
race enuiron deux cents & quatre vingts
ans. L'autre est celle des Carlouingiens,
qui sortirent de Charlemaigne, & esten-
dirent leur posterité iusques à trois cents &
trentesept ans : la tierce est la maison des
Capeuingiens, qui sont issus de Hugues Ca
pet, & y a desia cinq cens & quatre vingts
ans, que le Royaume est en la possession de
ceste maison là.

¶ A scauoir si le Royaume de la Gaule
Françoise se trãsferoit par succession
hereditaire, ou s'il se deferoit par election, & de la façon d'elire les Roys.

CHAP. VI.

MAIS icy se presente vne tres-
belle question, & fort propre
pour cognoistre la sagesse de nos
ancestres. A scauoir-mon si le
Royaume de la France Gauloise esche-
oit par droit de succession, où s'il estoit
deferé par le consentement & par les voix

du peuple. Quant aux Roys d'Alemaigne
(d'où nos François partirent ãcienement)
Cor. Tacitus au liu. des mœurs & coustumes de l'Alemaigne, nous asseure, qu'ils s'e-
lisoyent par les suffrages du peuple. Ils choi
sissent, dit-il, les Roys à la noblesse, & les Ca
pitaines à la vertu. Laquelle coustume est
encore entretenue par les Alemans, Da-
nois, Sueuiens, & Polonois: car ils elisent
leurs Roys en l'assemblee generale des e-
stats de leur nation: toutefois les fils ont la
prerogatiue, & sont volõtiers preferez, com
me Tacitus l'a laissé par escrit. De moy, ie
ne pense pas, qu'on sceust inuenter vne loy
ou coustume, ny plus sagement ordonnee,
ny plus profitable pour la chose publique,
que ceste police-là. Car (comme discourt
sagement Plutarque en la vie de Sylla) tout
ainsi que les bons veneurs, ne cerchent pas
ce qui est né d'vn bon chien, mais le chien
mesme qui soit bon: ny semblablement les
sages hommes d'armes, ce qui est né d'vn
cheual, mais le cheual mesme, aussi ceux
qui s'entremettent d'establir vn gouuernement politique, commettent vne lourde fau
te, s'ils s'amusent à cercher, de qui deura
naistre leur Prince, & non pas quel il sera.
Or pour verifier que nos ancestres auoyent
suyuant ceste regle sagement estably le gou-
uer-

uernemēt du Royaume de France, nous
produirons premierement le teſtament de
Charlemaigne, ainſi qu'il eſt couché dedās
Nauclere, & Hen. Mutius: auquel il y a no-
tammēt ceſte clauſe: S'il y a vn de mes trois
fils, à qui il naiſſe vn fils, & que le peuple
vueille elire ce fils-là, pour ſucceder à ſon
pere en l'heritage du Royaume, nous voulons que ſes oncles y conſentent, & qu'ils
permettent de regner le fils de leur frere, en
la portion du Royaume de ſon pere. Iem
ce que dit Aimoinus, au 1. liu. chap. 4. parlāt
de Pharamond, qu'on conte communemēt
pour le premier Roy de France : Les François, dit-il, eliſans vn Roy pour eux, ſuyuant
la couſtume des autres nations, eleuerent
Pharamond ſur le throne Royal. Et au 4.
liu. chap. 51. Les François prindrent vn certain clerc nommé Daniel, & apres qu'il eut
laiſſé croiſtre ſes cheueux, l'eſtablirēt Roy,
& le nommerent Chilperic. Item au 67. ch.
du 4. liu. Apres le deces du Roy Pepin, ſes
fils Charles & Caroloman, furent creez
Roys du conſentement de tous les Frāçois.
Et en vn autre paſſage : Pepin eſtāt decedé,
Les François tindrent vne aſſemblee generale, où ils eleurent ſes deux enfans Roys,
ſouſ ceſte condition, qu'ils partiroyent tout
le Royaume en deux portions egales. Et ail-

leurs : Charles, apres la mort de son frere
fut eleu Roy absolu du côsentemêt de tous
les François. Item sur la fin de l'histoire de
Charlemaigne: Ayant fait venir à soy Loys
Roy d'Aquitaine, qui seul restoit viuant des
fils de la Roine Hildegardis, fit assembler
solennellement tous les principaux de Fran
ce,& par l'aduis de tous le declarà sô côsort
& compagnon au gouuernement de tout le
Royaume, & son successeur à l'Empire. Voi
la ce qu'en dit Aimoinus. Mais il y a plusieurs semblables tesmoignages dedãs Gre
goire de Tours:dont nous en tirerons quelques vôs. Car au 12.ch du 2.liu. Les Frãçois
dit-il,ayãs deposé Childeric, eleurét vn Eudo pour leur Roy. Itê au 51.ch.du.4. liu. A-
donc les François enuoyerét vne ambassade
à Sigebert,afin qu'il s'ë vinst vers eux,& que
laissans là Chilperic, ils l'eleussent Roy. Et
en vn autre endroit:Sigebert s'accordât à la
volôté des François fut eleué sur vn pauois
& estably Roy, & par ainsi il iouit du Royaume de son frere Chilperic. Et incôtinent
apres:Les Bourguignons & les Austrasiens
ayans fait paix auec les autres François, e-
leurent Clotaire Roy de tous les trois Royaumes. Ce qu'escrit aussi conformément
l'Abbé d'Vrsper. Et vn peu au dessous:Les
François eleurent Roy Childeric son autre
frere

frere qui regnoit defia fur ceux d'Auftrafie.
A cela fe rapporte aufsi ce qu'eferit Luitprand de Pauie au 6.chap.du 1.liu. Ayãt paf
lé le Royaume de Bourgongne, ainfi comme il vouloit entrer dedans la Gaule, qu'on
appelle Romaine , les ambaffadeurs des
François vindrent au deuant de luy, difans
qu'ils s'en retournoyent, pourautant qu'a-
pres auoir long temps attendu & ne pouuãs
plus longuement demeurer fans Roy, ils a-
uoyent eleu Odon à la requefte & follicita-
tion de tout le peuple &c. Mais Sigebert
fait vn conte memorable de ceftuy Odon,
duquel on peut plus aifémét retirer, que les
François laifferent là le fils du Roy, & appellerent vn eftranger à la couronne. Car
voicy ce qu'il en dit,fous l'an.890. Les Fran
çois,dit-il,reiettans Charles fils de Loys le
Begue, qui n'auoit pas encore dix ans, eftablirent Roy fur eux Oden fils du Duc Robert,qui fut tué par les Normans. Item Otton Frifirg.au 10.chap. du 6.liu. des Chro.
Les Fráçois Occidentaux,dit-il, defignerét
pour Roy, Odon fils de Rob. homme vaillant,par le confentement d'Arnoul.Et en la
cõtinuation des hiftoires de Gre. de Tours
au 15.liu.ch.30.Apres le deces de Dagob.fõ
fils Clouis eftãt encore en bas aage,fut inue
fty du Royaume de fõ pere,& tous les fuiets

assemblez au bourg de Masolan l'eleuerent
au Royaume. Item Sigebert, en la Chron.
de l'an 987. Loys Roy de France decedé,
les François voulurent transporter le Royaume à Charles, frere du Roy. Lothaire:
mais cependant que cestuy-là s'amusa à
demander le consentement des estats, Hugues Capet vsurpa le Royaume de France.
&c. Il y a vne infinité de tels tesmoignages
dedans Adon: comme de l'an 686. Le Roy
Clouis decedé, les François establirent Clo
taire son fils pour Roy: Et peu apres ; Clotaire mourut, apres auoir regné quatre ans:
au lieu duquel les François eleuerent son
frere Theoderic. Item de l'an 669. Les Fran
çois establirent au Royaume vn clerc nommé Daniel apres qu'il eut laissé croistre ses
cheueux, & le nommerent Chilperic. Et vn
peu plus bas: Les François establirent Roy
sur eux Theoderic, fils de Dagobert. Item
au 13. chap. de la 6. Chro. d'Otton Frising.
Apres le deces d'Odon Roy de Frâce, Char
les fut creé Roy par le consentement de
tous. Item en la continuation de l'hist. de
Greg. de Tours, au liu. 11. chap. 101. Thierry
Roy de France, estant decedé, Les Frâçois
eleurent Roy vn petit fils qu'il laissa nómé
Clouis. Et au 106. chap. Mais les François
establirent Roy vn certain Chilperic. Item
Godef.

Godef. de Viterbe en la 17. partie de ſes
chron.chap.4. Apres que Childeric le Roy
fait-neant fut confiné en vn monaſtere par
les François: Pepin fut eſtably & confermé
Roy de Fráce apres l'election des François
par le Pape Zacharie. I'eſtime qu'il appert
aſſez par ces paſſages icy & autres ſembla-
bles, que les Rois de France eſtoyent ancienement eſtablis pluſtoſt par le conſentemēt
& volonté du peuple, que par droit de ſucceſſion. A quoy meſme ſe rapporte la ceremonie, dont nos anceſtres vſoyent au ſa-
cre & couronnement des Rois. Car ce que
nous diſions n'agueres par le rapport de Ta
citus, que les Caninefats, voiſins ou parens
des François auoyent de couſtume de mettre ſur vn pauois celuy qui auoit eſté declaré Roy, & le porter haut ſur les eſpaules:
nous voyons que cela meſmes a eſté mis en
vſage à l'endroit de nos Rois. Car ils vſoyent
de ceſte ceremonie la meſme, eleuans ſur
vn large pauois celuy qui auoit eſté nommé
Roy par les voix & ſuffrages du peuple, & le
hauſſans ſur leurs eſpaules, le promenoyent
par trois fois tout à lentour de l'aſſemblee
du peuple, ou de l'armee, auecques grans
cris de reſiouiſſance. Gregoire en eſt teſmoin au liu. 2. où il traite de l'election du
Roy Clouis: Mais eux, dit-il, ayans ouy cela

auec batemens de mains & cris de ioye, le
haufferent fur vn bouclier & l'eftablirent
Roy fur eux. Item au chap.10. du 7. liure où
il parle de Gondebaud, le Roy, dit-il, fut mis
fur vn pauois, & eleué en haut: mais ainfi cõme ils le portoyent pour la troifieme fois &
le promenoyent à l'ontour de l'armee, il tõ-
ba tout de fon long à terre: & la cheute fut fi
lourde, qu'à toute peine ceux qui l'accompa
gnoyent par honneur le peurent-ils releuer.
Aimoinus en efcrit tout autant liu. 3. chap.
6. Item Adon de Vienne Aage 6. Sigibert
dit-il, s'accordant au vouloir des François
fut eleué fur vn bouclier & eftably Roy. De
cefte ceremonie eft procedé que les hiftoriens quand ils parlent de l'election d'vn
Roy, ils difent volontiers qu'il a efté hauf-
fé ou eleué en Roy. Mais maintenãt paffons
outre pour venir au troifieme argument qui
ferr à prouuer combien le droit & authorité du peuple eftoit grande à eftablir & retenir les Rois: attédu qu'il appert par tous les
Annales de France que le peuple à eu plein
pouuoir & fouueraine authorité de les de-
pofer quand ils l'auoyent defferuy. Et de
cefte puiffance populaire nous en auons vn
exemple notable en celuy mefmes qui fut
le premier declaré Roy de France & de
Gaule. Car le peuple eftant informé qu'il
                              eftoit

eſtoit tant perdu d'amour de femmes & de
vin , qu'il ne vacquoit à autre choſe qu'à
paillardiſes & diſſolutions , le depoſa par
l'aduis des eſtats , & le contraignit de ſortir du Royaume de France : cecy aduint l'an
479.ainſi que nos hiſtoriens afferment.Au-
tant en aduint-il à Eudo,celuy qu'ils auoyēt
ſubſtitué en la place de ceſtuy la : car venant à abuſer de ſa puiſſance, en arrogance
& cruauté tyrannique, il fut depoſé de meſmes l'autre.Et de cecy ſont teſmoins Greg.
de Tours liur. 2. chapitre 12.'Aimoi. liu. 1.
chapitre 7. Godefr.de Viter.partie 17. diſt.
1.Sigebert ſous l'an 461.& 469. Car Gregoi
re parlant de Childeric , dit qu'eſtant Roy
des François & homme diſſolu en toutes
voluptez,il commença à ſolliciter leurs filles à paillardiſe.Dequoy eux eſtans irritez le
depoſerent de ſon Royaume: mais luy e-
ſtant aduerty qu'ils le vouloyent encore
tuer auec cela, s'enfuit en Thuringe.L'Ab
bé d'Vrſperg dit preſque de meſmes, que
ſes ſubiets ne pouuans ſupporter ſes deteſ-
tables luxures qu'il commettoit auec les
filles du peuple, & ne le voulans pas tuer
le depoſerent . Et conformément Sigebert
recite qu'ils l'oſterent du ſiege Royal, &
y mirent vn nommé Gillon en ſa place.
C'eſt acte ſi vertueux & magnanime de

nos anceftres fait certainement bien à noter : attendu mefmes qu'il fut fait tout au
commencement & par maniere de dire en
l'enfance de ce Royaume. Qui fembla eftre
vn aduertiffement pour l'aduenir : que ceux
qui eftoyent appellez à la couronne de
France, eftoyent eleus pour eftre Rois fous
certaines loix & conditions qui leur eftoyét
limitees : & non point comme tyrans auec
vne puiffance abfolue, excefsiue & infinie.
A raifon dequoy leurs fucceffeurs entrete-
nans la mefme couftume, depoferent auffi
l'an fix cens feptante neuf, l'onzieme Roy
de France nommé Childeric, pourautant
qu'il eftoit deuenu infolent, fier & prefom-
ptueux, & non guere de temps apres vn gen-
til-homme nommé Bodilon le tua, pourautant qu'il l'auoit fait attacher à vn pal,
& fouëtter villainement de verges, fans luy
auoir fait iudiciellement fon proces, & fans
cognoiffance de caufe. Les autheurs de cecy font Aimoinus au 4. liure, chapitre qua-
rantequatrieme. Adon en l'Aage fixieme,
Tritemius fous l'an fix cens feptante huit, &
Sigebert en l'an fix cens foixante fept. Nos
anceftres vferent d'vne mefme feuerité, vers
Thierry douzieme Roy de France. Car
voyans qu'il faifoit mille extorfions fur le
Royaume pour contenter fon auarice, e-
ftant

stant homme de vile, lasche & meschante
nature, les François (dit Aimoinus) se sou-
leuerent contre luy, le priuerent de sa dignité Royale, & luy coupperent les cheueux
par force. au liure quatrieme chap. quaran-
te & quatrieme. Adon en l'aage sixieme, en
l'an six cens nonantesix. Mais Sigebert sous
l'an six cës soixãte sept reiette la plus grande
partie de la faute sur Ebroin maistre du Palais, qui rendoit le Prince ainsi auare & me-
chanique: Thierry, dit-il, fut demis par les
François à cause de l'insolence, & maluersa-
tion d'Ebroin: & son frere Childeric sub-
stitué en son lieu. Adon dit outre cela qu'ils
firent raire la teste à Ebroin & l'enferme-
rent dedans l'abbaye de Lizieux. On trouue tout le mesmes ainsi raconté dedans
la continuation de l'histoire de Gregoire de Tours, au liure onzieme chapitre soi-
xantequatrieme. Que les François s'esle-
uans contre Theodoric le tondirent & le
confinerent auec Ebroin dedans vn con-
uent de moines. Si pratiquerent aussi la mes
me iustice à l'endroit de Chilperic dixhui-
tieme Roy de France. Car estant homme
de neant & qui se portoit si nonchalam-
ment au maniement des affaires, qu'il les
laissoit aller comme elles pouuoyent, ils
le iugerent finablement indigne & incapa-

ble d'vn si grand gouuernement, & pource le contraigniret de se demettre de la dignité royale & le mirent en religion. Ainsi l'asseurent Aimoinus au quatrieme liure, cha. soixante & vniesme, Sigebert & Tritemius sous l'an sept cens cinquante, & Godefroy de Viterbe, en la partie dixseptieme des chroniques, chapitre quatrieme. On trouue le mesme exemple pratiqué pour la sixieme fois en la personne de Charles le Gros, vingt cinquiesme Roy de France. Lequel pour vne pareille nonchalance, & pourautant qu'il fut trop facile à conceder aux Normans vne partie de la Gaule pour y habiter & laissa diminuer & descheoir le Royaume, fut demis par les grans Seigneurs de France l'an 890. comme escriuent Sigebert & Godefroy de Viterbe, en la partie dixseptieme de sa chronique. Mais bien plus amplement Otton Frising. en la chronique sixiesme, chapitre neufuieme, où il raconte vne histoire fort memorable: à sçauoir que cestuy-cy qui estoit le plus puissant de tous les Roys de France, qui auoyent esté depuis Charlemaigne, neantmoins fut en brief reduit en vn si poure estat, qu'ayant mesme faute de viure ordinaire, il fut contraint de prier Arnoul qui auoit esté subrogé en son lieu, de luy assigner quelques petits gages

ges pour s'entretenir. En quoy on peut aisément remarquer l'incertitude des choses
humaines, de voir vn Roy qui tenoit auparauant les Royaumes de la France Orientale & Occidentale auec l'Empire Romain,
estre finablement reduit à telle extremité
qu'il eut mesmes faute de pain. Le septieme
auquel cela aduint, ce fut Odon vingtsixies-
me Roy de France que les François auoyét
eleu, ayans deietté Charles fils de Loys le
Begue: mais quatre ans apres ils l'enuoyerent en Aquitaine, le côfinerent là, & substi-
tuerent en sa place ce mesmes Charles fils
de Loys : ainsi le certifient Sigebert sous
l'an huit cens nonante quatre. Aimoinus
au cinquieme liure, chapi. quarantedeuxies-
me, Godefroy en la part. dixsepties. On met
aussi de ce reng-la Charles vingtseptiesme
Roy de France qu'on surnomme le Simple, pource qu'il auoit l'esprit lourd & hebeté. Car d'autant que par sa folie & sim-
plesse il laissoit ruiner le Royaume, & auoit
perdu la Lorraine qu'il auoit auparauant
recourrce, il fut mis en seure garde : & en
son lieu fut pourueu d'vn autre nommé
Raoul, ainsi que l'escriuent Aimoinus au
liure cinquiesme, chapitre quarante-
deuxiesme, & Sigebert sous
l'an 926.

¶ Quand il y auoit plusieurs enfans du Roy decedé, comment on leur assignoit leurs partages.

CHAP. VII.

Tout ce que nous venons de deduire maintenant, tend à ce poinct de faire entendre, que le Royaume de la France Gauloise, ne souloit pas ancienement estre transferé des peres aux enfans, comme par droit successif, mais estre decerné & deferé au plus digne par l'aduis des estats & par les voix du peuple. Cela estant presupposé, il ne sera pas fort malaisé de vuider ceste difficulté icy, c'est à sçauoir, lors qu'il y auoit plusieurs enfans suruiuans au Roy decedé, quelle forme de droit on gardoit à faire leurs partages. Car puis qu'ainsi est, que l'assemblee du peuple, & le conseil general des estats de la France, auoyent souueraine puissance, non seulement de donner, mais aussi d'oster la dignité Royale, il faut tirer de là vne consequence necessaire, c'est à sçauoir, que cela consistoit aussi en la puissance du peuple, de faire part de la succession à tous, & autant à l'vn comme à l'autre: ou, si bon luy sembloit, de ne la deferer qu'à

vn,

vn,& en exclurre tous les autres. Et fur ce
propos, il fe forme vne nouuelle queſtion:à
ſcauoir, ſi le peuple ayant deietté le fils du
Roy defunƈt, en choiſiſſoit vn autre pour
luy ſucceder à la couronne, que c'eſt qu'on
luy laiſſoit,ou aſſignoit pour entretenir
ſon eſtat.Ainſi donc pour bien eſclarcir cecy,il faut entendre,que des choſes, qui ſont
en la poſſeſſion du Roy, les Iuriſconſultes
en mettent quatre eſpeces : c'eſt à ſcauoir
(ainſi comme ils parlẽt en termes de Droit)
les droits de Cæſar, les droits du fiſc, les
biens publiques, & les biens particuliers.
Les droits de Cæſar s'appellent, les biens
qui ſont du propre patrimoine de chaſque
Prince, non pas le prenant en qualité de
Prince, mais entant qu'il eſt ſeulement ou
Loys,ou Lothaire,ou Dagobert, c'eſt à dire,perſonne particuliere. Ce patrimoine ſe
nomme le Domaine du Roy par les couſtu
mes de France,& ne ſe peut aliener ſans le
conſentemẽt des eſtats: ainſi qu'il ſera trai-
té cy apres. Les biens du fiſc, ce ſont ceux,
qui ſont aſſignez au Roy, par la volonté du
peuple,en partie,pour auoir dequoy entretenir ſon eſtat,en partie auſſi pour ſubuenir
aux ſoudaines occurrences des affaires de
la choſe publique. Les biens publiques,ce
ſont ceux,qui appartienent en proprieté au

Royaume & à la chofe publique. Les biens
particuliers, qui font en la poffeffion & difpofition de chafque pere de famille. Ainfi
donques, quand il aduient qu'vn Roy dece-
de, qui laiffe des enfans apres foy, fi la fuccef
fion du Royaume eft trafportee à vn eftranger, les biens qui font proprement du patrimoine de Roy, & qui font venus de fon pro
pre & ancien eftoc, doyuent eftre laiffez à
fes enfans par droit de fucceffion hereditaire.　Quant eft à ceux, qui font des appar
tenances du Royaume & de la Republique,
attendu qu'ils font dependans de la couron
ne, comme les membres du corps, il les faut
neceffairement deferer à celuy là mefmes,
auquel on defere le Royaume. Il eft bien
vray, que par droite raifon, & fuyuant l'e-
quité en l'affemblee generale des Eftats,
doyuent eftre afignees quelques Duchez
& Contez aux enfans du feu Roy, pour entretenir honorablement leur eftat. Ce qui
fut pratiqué par le Roy Dagobert fils de
Lothaire, ainfi qu'efcriuent Otton Frifing.
5. Chro. 9. chap. & Godefroy de Viter. Car
luy eftant eftably Roy, donna à fon frere
Heribert certaines villes & villages, aupres
de la riuiere de Loire, pour Apanage & pro
uifion. Et adioufte à cela Aimoinus au 4.
liu. chap. 17. Que cela luy fut donné moyen-
nant

nant l'accord fait entre eux, qu'il se conten-
teroit de viure en personne priuee, sans pre-
tendre aucune part au Royaume paternel.
Item au 61. chap. il recite, que Pepin donna
à son frere Grifon douze contez pour son
partage, comme aux Ducs. Et à cela se rapporte bien ce que Greg. de Tours escrit au
7. liure chap. 32. Gondebaud enuoya, dit-il,
deux ambassadeurs au Roy, auec des verges
consacrees, suyuant vne anciene ceremonie
des Frãçois, afin que personne n'y touchast.
Et vn peu apres: Gõdebaud dit, qu'il est fils
du feu Roy Clotaire vostre pere, & nous à
enuoyez icy, à fin d'estre inuesty de la portion du Royaume qui luy eschet. Mais pour
reuenir à la principale question qui a esté
mise en auant, touchant la succession de la
couronne, ie ne trouue point, qu'il y ait eu
de certaine loy faite en France sur ce poinct
là: attendu, comme i'ay monstré, qu'elle n'e-
stoit pas hereditaire. Quant aux heritaiges
nobles, que nous appellons fiefs. Otton Fri-
liu. Frid. 2. chap. 29. escrit. Que la coustume
estoit telle en Bourgõgne obseruee presque
en toutes les prouinces de la Gaule, Que
tousiours le frere aisné, & ses enfans, fussent
masles ou femelles, eussent la prerogatiue &
la meilleure part, en la succession paternel-
le: & que les plus icunes le respectassẽt com

me le maiftre & feigneur de la maifon. Cefte mefme couftume eft amplement deduy-
te par Pierre des Vignes au 6.liure de fes
Ep. epift.25. & ailleurs,où il monftre qu'elle s'obferuoit generalement par toute la
France.Mais quant au droit de la fucceffion
de la Courône,c'eft toute autre chofe. Car
nous lifons és hiftoires, qu'apres le deces
d'vn Roy de France, ancienement le peuple ne deferoit pas toufiours le Royaume
à vn tout feul, mais qu'on le diuifoit en portions egales, & donnoit on à chacun la fie-
ne.En cefte maniere,apres le deces de Clouis 2.Roy de France,qui fut l'an 516.qui laif-
fa quatre enfans,à fcauoir Theodoric, Clo-
uïs, Childebert, & Clotaire, le Royaume
fut partagé entre eux, de forte que Theodo
ric tenoit fon fiege à Mets, Clouis à Orleans, Clotaire à Soiffons, & Childebert à
Paris: tefmoins Agathius au 1.liure de fes
hift. Greg. de Tours, au 3. liure,chap.1. Aimoin. au 2. liure chap. 1.Rhegino.fous l'an
421. Et apres le deces de Clotaire 4. Roy,
le Royaume fut aufsi diuifé tellement en
quatre parts, que Cherebert fiegeoit à Paris,Gontran à Orleás,Chilperic à Soiffons,
& Sigebert à Rheims: les auteurs fôt Greg.
au 4.liure chap. 22. Aimoin.au 3. liu. chap.
1.Rhegino. fous l'an 498. Et au contraire,
apres

apres Lothaire 7. Roy. enuiron l'an 630. (ain
ſi que recitent Otton Friſing. Chr. 5. ch. 9. &
God. de Viterb.) le Roy Dagobert, fils de
Lothaire, regna ſeul en France, mais il re-
còmpenſa ſon frere Heribert, de quelques
villes & bourgades, qu'il luy donna aupres
de Loire. Car depuis le grand Clouis, iuſques à ce temps-là, le Royaume auoit eſté
tãt de fois party & reparty entre les enfans,
& les enfans des enfans, & diuiſé en ſi me-
nues parcelles, que les droits du domaine,
& le gouuernement en eſtoyent aucunemét
demeurez embrouillez & confus. Mais lors
Dagobert fut ſeul regnant vniuerſellement
ſur tout le Royaume de France, qui s'eſten-
doit depuis l'Heſpaigne, iuſques en Hõgrie,
& donna loy à ceux de Bauiere. Voila ce
qu'en dit Godefroy, à bonne raiſon, & ſuyuant le iugement de pluſieurs perſonnages
de bon entẽdement. Car (comme dit Iuſtin
en ſon 21. liu.) vn Royaume ſera touſiours
plus puiſſant, s'il demeure ſous le gouuernement d'vn ſeul, que s'il eſt couppé par pie
ces, & diuiſé entre pluſieurs freres. Mais tou
tefois, apres la ſucceſſion de quelques an-
nces, lors que le Royaume de France com-
prenoit de bien grandes & ſpacieuſes prouinces, & qu'il fut queſtion de prouuoir aux
enfans du feu Roy Pepin, les eſtats ſuyuirẽt

vn autre aduis : ce qui fert encore pour
mieux affeurer & donner pied ferme à ce
que nous auons conclu cy deffus, à fçauoir
qu'il n'appartenoit à autre, qu'à l'affemblee
des eftats, de decider de ce droit de fucceffion Royale. Car (ainfi comme le raconte
Eguinard, en la vie de Charlemaigne) Les
François affemblerent folennellement les
eftats, apres le deces de Pepin : & là eftablirent fes deux enfans Roys fur eux, à la charge, qu'ils partiroyent le Royaume en deux
portions egales : & que Charles auroit le
gouuernement de celle, qu'auoit tenue leur
pere Pepin, Caroloman prendroit l'autre,
de laquelle leur oncle auoit l'adminiftration. Autant en dit l'Abbé d'Vrfperg en
propres termes. Apres que Charlemaigne fut decedé, on garda la mefme forme,
qu'on auoit tenue lors, ainfi qu'on peut retirer d'vne copie de fon teftament, qui fe
trouue dedans Naucler. & du liure, qu'E-
guinard a compofé de fa vie. Car là prefque
toute l'Europe eft departie entre fes enfans, par fa derniere volonté, en telle forte
cependant qu'il n'y a rien fpecifié pour le
mariage, ou pour la legitime portion de fes
filles : mais toute la puiffance de les prouuoir, & de leur eftablir mariage, eft laiffé
à la difcretion & à l'equité de leurs freres.
Il fut

Il fut fait vn semblable partage en la France Orientale, apres la mort de Loys, l'an huict cens septante & quatre, ainsi que tesmoignent Otton Frising.en la Chr. 6. ch. 6. & Rhegino.en la Chron.de l'an 877. Et depuis encore apres la mort de Loys le Begue.23. Roy, qui fut l'an 880. ceste mesme coustume de partager eut lieu: & si est bien aisé à recueillir des paroles d'Aimo. au 40. ch.du 5.liu.que ce fut l'assemblée des estats, qui eut ceste authorité,& non pas les Roys mesmes: Les fils du Roy Loys., dit-il, s'en allerent à Amiens,& là diuiserent entre eux le Royaume de leur pere, ainsi comme aduiserent leurs fideles conseillers.Il est aisé à conclurre par les raisons cy dessus alleguees,& suffisamment debatues, qu'il n'y auoit point ancienement de certaine loy ordonnee en France, touchant la succession de la couronne : mais que c'estoit aux estats à en ordonner. Il y eut bien depuis vne ordonnance faite par Philippes troisieme XLI. Roy de France : Que certaines terres & Seigneuries, seroyent assignees aux puisnez, pour Apanage. Mais ceste loy-là mesmes à esté tiree en diuers sens: & a produit vne infinité de differens à raison des filles de France. Au moyen dequoy nous ne sçaurions donner aussi vne certaine

reigle là deſſus, ſinon qu'on vueille ramener
en vſage l'anciene couſtume de nos maieurs
& remettre la deciſion finale de tout ce
droit-là à l'aſſemblee des eſtats: à fin que ſelon le nõbre des enfans des Roys defunĉts,
on leur prouuoye de terres & ſeigneuries
ſuffiſantes pour l'entretien de leur eſtat.

¶De la Loy Salique & du droit qu'auoyẽt
　　les filles des Roys en la ſucceſſion de
　　leurs peres.

C H A P. VIII.

Vis qu'ainſi eſt que nous auons
commencé à traiter du droit de
la ſucceſſion Royale, il ne ſera
point impertinent de recercher
icy vn peu de plus haut, quelle loy c'eſt que
la loy Salique, tant celebree par nos François, & qui tombe ſi ſouuent en propos : laquelle meſmes du temps de nos anceſtres
vuida & pacifia vn different de merueilleuſe conſequence, touchant la ſucceſſion du
Royaume. Car eſtant aduenu l'an 1328. Que
le Roy Charles le Bel fils de Philippes le
Bel fuſt decedé ſans laiſſer aucun hoir maſle
viuant : mais ſeulement ſa femme enceinte,
qui accoucha d'vne fille quelques mois a-
pres

pres, Edouard Roy d'Angleterre fils d'Ifa-
bel fille de Philippes le Bel & fœur du
feu Roy Charles, querella la fuccefsion de
la Couronne à l'encontre de Philippes de
Valois, pretendant luy appartenir à caufe
de fa mere, & de fon ayeul. Mais Philippes
de l'autre cofté qui eftoit coufin germain
du Roy defunct, mir en auant contre luy cefte anciene loy Royale nommee Salique, laquelle nommément deiette les femelles de
la fuccefsion de la Courône. C'eft celle loy
que Gaguin & autres vulgaires hiftoriens
François difent auoir efté faite par Pharamond. Et fpecialement en la vie de Philippes de Valois : La loy Salique, dit-il, faifoit
contre Edouard, laquelle ayant efté eftablie
aux François par Pharamond, auoit efté
toufiours eftroitement gardee comme fa-
cree & inuiolable iufqu'à ce temps-la. Par
celle loy eft ordonné, qu'il ny ait que les
hoirs mafles iffus des Roys, qui puiffent venir à la fuccefsion de la Couronne, mais que
les femelles ne foyent receües à celle dignité: Si en eft la fuftance telle. Que nulle femme ne prene aucune portion de l'heritage
de la terre Salique. Les Iurifconfultes appel
lent la terre Salique, celle qui n'appartient
qu'au Roy feul, & qui eft differente de la loy
d'Alleud, qui comprend aufsi les fuiers,

aufquels celle loy donne libre poſſeſsion
de quelque choſe, ſans exclurre la maieſté du Prince. Voila ce qu'en dit Gaguin.
Et en ont eſcrit tout de meſmes non ſeulement tous les Hiſtoriens, mais auſsi tous
les Iuriſconſultés & praticiens François
qui en ont parlé iuſques à ce temps: teſ-
moing Papon au chapitre premier, du quatrieme liure des arreſts: de ſorte qu'il ſemble deſia en cecy que l'erreur commun ait
acquis titre de loy. Mais il faut reduire icy
en memoire ce que nous auons touché cy
deſſus: c'eſt à ſcauoir que les François tindrent deux Royaumes, & en tous deux ils
planterent leur ſiege. L'vn eſtoit en la Gaule, qui demeure en ſon eſtre encore auiour-
d'huy: l'autre au dela du Rhein auprés de
la riuiere de Sala: dont ils furent ſurnom-
mez François Saliens & Saliques enſem-
blément, & quelquefois auſsi nōmez pre-
ciſement Saliques: deſquels le Royaume &
le nom eſt deſia preſque tout aboly. Ce ſont
ceux dont il eſt parlé dedans ce paſſage de
Marcellin que nous auons allegué cy deſſus: là où nous auons monſtré que ces
François là furent appellez Orientaux, &
les autres qui habitoyent en Gaule, Occidentaux. Or comme il y auoit deux Royaumes de France, auſsi y auoit-il deux loix:
l'vne

l'vne se nommoit Salique, qui appartenoit aux Saliens: l'autre Fracique qui estoit pour les Francs Gaulois, c'est à dire pour les Frãçois habituez en la Gaule. Cela se peut verifier par ce que dit Eguinard en la vie de Charlem. Apres qu'il eut, dit-il, esté declaré Empereur, voyãt que les loix de son peuple estoyent defectueuses en plusieurs choses (car les François ont deux loix, fort differetes l'vne de l'autre, en plusieurs articles) il delibera de suppleer & adiouster ce qui y defailloit. L'auteur de la preface qui a esté mise deuant la loy Salique recite: Que la noble & fameuse nation des François, auant quelle fust conuertie à la foy Chrestienne, fit dresser & composer la loy Salique par les plus grans personnages qui fussent lors employez au gouuernement d'icelie. Et pour cest effet furent deputez quatre hommes notables c'est à sçauoir, Vvisogast, Arbogast, Salogast, & Vvindogast: lesquels s'assemblerent par trois fois en conseil, & apres auoir soigneusement discouru & recerché toutes les sources des differés & proces, & les auoir examinces de poinct en poinct, finablement en conclurent & arresterent le iugement & la decision en ceste maniere &c. Ce sont aussi presque les propres mots dõt vse Sigebert en la Chronique de l'an 422.

& Otton Fris. au chap. pen. du 4. liu. le con-
ferme. Ils commencerent, dit-il, de-là en a-
uant à vser de loix, que Yvisogast & Salogast
leur composerent. Et tient-on que la loy Salique fut de l'inuention de cestuy Salogast,
dont elle en porte aussi le nom iusques à
present : & est encore en vsage & authorité
entre les plus nobles François, qu'on appelle Saliques. Voila ce qu'en disent les anciens
Chroniqueurs : dont on peut aisément des-
couurir la lourde faute de ceux qui font venir la loy Salique de ce mot de sel, comme
estant assaisonnée de sel, c'est à dire de prudence, & de ceux qui veulent faire à croire
que c'est vn terme corrompu, & qu'on s'est
abusé en disant Salique au lieu de Gallique:
qui est vne opinion la plus impertinente du
monde. Mais ils y ont bien fait d'autres fau-
tes encore de plus grande conséquence.
Premierement en ce qu'ils ont fait croire à credit que la loy Salique côcernoit proprement le droit du Royaume & de la succession hereditaire de la Couronne. Car il
ny a pas fort long temps que les tables & articles de la loy Salique se sont trouuez &
ont esté mis en lumiere : & peut-on aisément cognoistre par l'inscription qui est mise dessus, qu'ils ont esté escrits & publiez
enuiron le temps du Roy Pharamond : &
que

que les chefs & articles de la loy Salique &
de la loy Frācique, n'ont iamais esté ordōnez
pour decider du droit vniuersel du Royaume & de la chose publique, mais pour le regard particulier d'vn chacun. En tesmoigna
ge dequoy nous en produirons seulemēt vn
du tit. 62. Nulle part & portiō de la terre Sa
lique ne se transfere aux femelles: mais le se-
xe viril l'acquiert, c'est à dire les hoirs masles
seuls succèdēt en l'heritage: mais si apres vn
long espace detemps, il se meut quelque pro
ces touchant la proprieté de la terre entre
les enfans, ou leurs descédās apres eux, quelle soit diuisee par testes & non point par li-
gnees. Cecy est verifié par plusieurs coustu-
miers anciens qui restent, & vieilles ordonnances: comme de la loy des Frāçois Ripuai
res, c'est à dire ordonnez à la garde des frō-
tieres de l'Empire, au ti. 58. & de celle d'Angleterre au 7. où tant s'en faut qu'il soit ordonné: rien touchant les successions des
Royaumes, que mesme elles ne touchent
pas aux heritages des fiefs nobles, mais seulement parlent des terres tenues en Alleud:
combien qu'au reste on souloit prendre le
mariage qu'on assignoit aux filles sur ces
terres-la. Mais comment que ce soit, c'est
vne chose bien toute certaine, encore qu'il
ny ait point d'article ny en la loy Salique

ny en la Francique, qui deboute les femelles de la succession de la Couronne, neantmoins que les vs & coustumes du pays in-
uiolablement entretenues & autorisees par
vn continuel vsage de tant de siecles, doyuent obtenir vigueur & autorité de loy. Car
premierement Childebert troisiéme Roy,
estant mort & ayant laissé pour tous hoirs
deux filles, elles furent excluses de la succession du Royaume, & iceluy declaré appartenir à Clotaire frere du feu Roy. Apres le deces de Childebert cinquieme Roy de France qui eut trois filles, la succession fut defe-
ree à son frere Sigebert. Item apres la mort
de Gontran Roy de Bourgongne & d'Orleans, ce ne fut pas sa fille Clotilde, mais
Sigebert qui en fut inuesty. Et semble aussi que ceux qui estoyent au conseil de Philippe de Valois eussent beaucoup plus seu-
rement, & auec meilleur fondement maintenu le droict de leur maistre, s'ils se fussent plustost aidés du droict des fiefs que
d'alleguer l'authorité de la loy Salique:
par lequel droict des fiefs, les heritages ne
peuuent estre transferez qu'aux hoirs masl-
les, mais les femelles en sont forclofes. Et
s'il aduient qu'en la ligne directe, qui iouist
du fief, la race des hoirs masles vienne à faillir : il ordonne lors que le fief soit transpor-
té à

te à l'autre lignee plus prochaine de celle-
la, comme il aduint en ce cas-la. Mais quant
est des fiefs qui par vne manifeste deprauati-
tion du droict sont transferez aux femmes
il ne les faut point proprement appeller
fiefs, mais feudastres, c'est à dire fiefs ba-
stars: ainsi comme nous l'auons monstré en
quelques autres de nos escrits.

¶ Du droict de la cheuelure Royale.

CHAP. IX.

I ne sera point, à mon aduis, vn
propos trop eloigné du suiet
que i'ay pris à traiter, si ie
mets encore en auant vne autre
coustume de nos ancestres, touchant la
cheuelure des Roys. Car il se trouue par escrit, que du temps de nos Peres, il y auoit vn
certain droit de cheuelure, qui n'appartenoit qu'aux Roys: lesquels, soit qu'ils eussent
esté elous par les voix du peuple, ou qu'ils
fussent issus de sang Royal, auoyét priuilege
de porter les cheueux lógz, perfumez & me-
spartis en greue, comme pour vne marque
& enseigne d'anciene noblesse & de maiesté
Royale, ce qui n'estoit loisible aux autres:
quoy qu'ils fussent de grande & noble mai-

f 4

son : mais il falloit qu'ils se fissent raire la
teste, à raison (comme on peut penser) des
trauaux & labeurs qu'il leur conuenoit supporter continuellement à la guerre : ainsi
que les histoires Romaines racontent de
Iulius Cæsar & plusieurs autres. Et de celle
coustume parle Aimoinus au premier liure,
chapitre quatrieme. Les François, dit-il, e-
leurent vn Roy à la mode des autres natiós,
& firent seoir Pharamond sur le throne
Royal : auquel succeda son fils Clodion le
Cheuelu. Car en ce temps-là les Roys de
France portoyent tous les cheueux longs. I-
tem au chap. 61. du troisieme liure. Cestuy
Gondoald fut nourry & eleué par sa mere,
& portoit les cheueux longs & espandus sur
les espaules, à la guise des anciens Roys de
France. Semblablement Agathius au premier liure de la guerre Goth. où il parle de
nostre Roy Clouis (lequel il nóme Cloda-
mire) quád il fut pris en guerre par les Bour
guignons : Aussi tost qu'il fut tóbé, dit-il du
cheual à terre, les Bourguignons virent les
cheueux qui luy pendoyent par derriere, & à
cela ils recognurent que c'estoit le chef des
ennemis. Car il n'est pas loisible aux Roys
de France de se faire raire la teste : ains dés
leur ieune aage demeurent sans se tódre, lais
sent croistre leurs cheueux tát qu'ils peuuét.
&

& les font flotter fur leurs efpaules. On peut
encore retirer de nos hiftoriens, que quand
les François vouloyêt demettre quelqu'vn
du Royaume, ou luy ofter toute efperance
de iamais venir à la couronne, ils auoyent
de couftume, de luy coupper fes cheueux.
Aimoin au mefme paffage. Quand il l'eut
regardé, dit-il, il commanda qu'on luy ron-
gnaft les cheueux, le defaduouant d'eftre
fon fils. Et ailleurs: Apres qu'il fut tondu, il
fut mis en prifon à Coloigne: & quand le
poil luy fut reuenu, il efchappa, & s'enfuit
vers Narfes. &c. Et Greg. de Tours, racôte
la mefme hiftoire au 24. chap. du 6. liu. Item
au 44. cha. où il parle du Roy Thierry: Les
François fe fouleuerent contre luy, le chafferent & demirent de la dignité Royale, &
le tondirent maugré luy. Mais à ce propos
Greg. de Tours au 16. chap. du 3. liure, fait
vn conte memorable, ou pluftoft efpouuan
table d'vne Royne mere, nômee Crotilde,
laquelle aima mieux voir trencher la tefte
à deux de fes petits fils, que de fouffrir, qu'ô
leur co uppaft les cheueux. Noftre mere (ce
difoit le Roy à fon frere) a retenu les enfans
de noftre frere auec elle, & veut qu'on leur
face part du Royaume. Il nous faut aduifer
enfemble, que c'eft que nous en deuons faire: c'eft à fcauoir, ou les faire tondre, afin

qu'ils ſoyẽt tẽnus au meſme reng que le demeurant du peuple:ou biẽ les faire mourir,
& departir entre nous le Royaume de noſtre frere. Et vn peu plus auant:Adonc ils
enuòyerent vn Arcadius auec des ciſeaux
de barbier en vne main, & vne eſpec traite en l'autre:lequel entrant dedans la chambre, où eſtoit la Royne ; luy monſtra l'vn &
l'autre, en diſant: Meſſeigneurs vos enfans,
ô treſ illuſtre Royne , deſirent de ſcauoir
voſtre volõté, à ſcauoir, que c'eſt que vous
eſtes d'aduis, qu'on face des enfans : & lequel vous aimez le mieux , ou que les faiſant raire on les laiſſe viure, ou bien qu'on
les tuë tous deux. Elle ayant ouy cela , aima mieux prẽdre le choix de les voir morts,
que tondus. Si pouuons encore remarquer en nos hiſtoires vne couſtume , qu'a-
uoyent les Roys , quand ils marchoyent
en bataille, qui eſtoit d'entortiller & nouër
leurs cheueux, en mode de pennache, ou
de creſte, qu'ils portoyent pour cimier
deſſus leur armet. Aimoin au 4.liure chapitre 18. deſcriuant la cruelle & ſanglan-
te bataille , qui fut combatuë entre le Roy
Dagobert, & Berthaud Duc de Saxe : Le
Roy, dit-il, ayant receu vn grand coup d'eſ-
pée ſur la teſte, enuoya par vn eſcuyer à ſon
pere, vne poignee des cheueux qu'on luy a-
uoit

uoit abbatus, auec vne piece de son armet,
le priant de se haster de venir à son secours.
Or apres auoir consideré à part moy, & recerché quelle peut estre la raison de celle
coustume, ie trouue à peu pres, que c'est
ceste cy. A sçauoir, Que nos Maieurs voyans que les nations des Gaulois & des
François souloyent porter les cheueux
longs (comme aussi celle des Sicambriens,
& toutes les autres nations de ce quartier-
là, pour la pluspart auoyent ceste coustu-
me-là) ils trouuerent bon, que de là en a-
uant, ceste marque ne fust plus si commune, mais qu'elle fust reseruee pour e-
stre le propre & special ornement de la personne des Roys. Car quant aux Gaulois,
il n'y a personne, pour peu qu'il ait leu aux
histoires, qui ne sache, qu'ils nourrissoyent
leurs cheueux: tesmoin celle partie de la
Gaule, qui en fut surnommee Cheuelue, &
ce qu'en dit le poëte Claudian au 2.liu, contre Ruffin.

Apres vient l'esquadron à la perruque
    blonde.
  Des hardis nourrissons de la Gaule se-
    conde,
Où la Saone s'esbat, & le Rosne sou-
    dain,

Et qui trempe ses bords dans les ondes
du Rhein.

Et quant aux François, qui sont issus, comme nous auons monstré, des Chauciés, peu
ple de la basse Alemaigne, nous en pouuôs
tirer preuue & tesmoignage du 1. liu. du poe
te Lucain, où il dit en ceste sorte.

Vous qui deuez garder, que le peuple Germain

Ne coure sur les pas de l'Empire Romain,

Ou qu'vn Chayc hydeux, de ses marests ne
sorte,

Qui fait voler au vent, les grans cheueux
qu'il porte,

Vers Rome vous courez.

De là mesmes est procedé que les estrangers, qui vouloyent mal aux François, ne se
sont pas contentez d'appeller nos Roys che-
uelus, par maniere d'iniure, porteurs de
crins, mais mesmes, pour leur faire plus de
despit, ont comparé leurs cheueux à des sayes de pourceau. Et sur cela a esté bastie la
belle fable, & le surnom peu honeste, dont
George Cedrenus, a ainsi escrit en son histoire. Ceux qui estoyent du sang Royal,
dit-il, s'appelloyent les Crestez : qui vaut
autant à dire comme, portans des sayes sur
le dos : car il leur croissoit du poil tout du
long

long de l'eschine, ne plus ne moins, qu'aux
pourceaux. Toutefois ie me doute, que ce
paffage là eft corrompu au texte Grec : &
qu'il faut remettre au lieu de (Criftati) qui
fignifie, portans Crefte (Setati) c'eft à dire,
portans de la faye : ou bien dire, qu'à l'aduen
ture, quelques vns en maniere de rifee, les
ont furnommez les Creftez, à raifon de la
houppe droite, & du flocquet de cheueux,
qu'ils portoyent noué au deffus de leur armet; mais que leurs mal-vueillans ont tour
né cela en iniure, en les appellant porteurs
de poils & de fayes de pourceau. Car au demeurant, fi Cedrenus n'euft adioufté fi euidemment cefte derniere claufe, i'euffe pēfé,
qu'au lieu du furnom de Trichorachates,
qu'il leur donne, & qui vaut autant à dire
comme, gens qui ont le dos velu, il les euft
pluftoft fallu nommer (Trichochara-
ctes) c'eft à dire, remarquables,
pour leurs beaux & longs
cheueux.

⁎

¶ Quelle forme de gouuernement, poli-tique, on gardoit au Royaume de la France Gauloife.

CHAP. X.

L ES couftumes ayás efté brie uement difcourues par nous, il eft temps maintenant d'ex-pofer à fon teng, quelle for-me on obferuoit, pour efta-blir le gouuernement du Royaume de Fran ce. Sur quoy, nous auons defia-mofiftré, que le peuple s'eftoit referué toute l'autho-rité, non feulement d'élire, mais aufsi de demettre les Roys. Et eft chofe bien cer-taine, que les Gaulois auoyent la mefme forme de Regne, auant qu'ils fuffent af-fuiettis par les Romains: de forte que le peuple (dit Cæfar) auoît tout autant de puiffance & d'authorité fur le Roy, com-me le Roy fur le peuple. Or combien qu'ain fi fuft, fi faut il toutefois prefumer, que les François ont pluftoft appris cefte ma-nière-là de dreffer leur Republique des A-lemans, c'eft à dire, de leurs gens mefmes, que des Gaulois, attendu que Tacitus au liure des mœurs de l'Alemaigne, en efcrit en telle forte. Les Roys, dit-il, n'auoyét pas
vne

vne puiſſance infinie ny abſolue. Au demeurant, il eſt aiſé à iuger, qu'il n'y a forme
de gouuernement, moins approchäte d'vne
domination tyrannique, qu'eſtoit celle là.
Car de toutes les trois marques, qui ſont at
tachees à la tyrannie, que les anciens philoſophes ont ſpecifiees, on n'ē ſçauroit apperceuoir pas vne en la forme de noſtre Regne. Premierement, s'il eſt queſtion d'v-
ne domination violente & forcee, c'eſt à dire, quand les ſuiets ſont contrains d'obeir à
vn tyran maugré eux : nous auons deſia vui-
dé ce poinct là, quand nous auons monſtré,
que le peuple auoit toute puiſſance, tant
en l'election, qu'en la depoſition des Roys.
Quant aux ſoldats eſtrangers, que les tyrans entretienent, & ont autour de leur
perſonne pour leur garde, & que lon conte pour la ſeconde marque de tyrannie:
tant s'en faut, que les Roys de la France
Gauloiſe prinſſent des mercenaires & e-
ſtrangers & en fiſſent leurs ſatellites & gardes de leur corps, qu'ils n'employoient pas
meſmes leurs ſuiets à la garde ordinaire de
leur perſonne, & auſsi n'en auoyent ils que
faire : car ils ſe faiſoyent tát aimer, qu'ils ſe
tenoyent plus aſſeurez de la bien vueilláce,
l'affection, la bonne grace & amour de leurs
ſuiets, que s'ils euſſent eu toutes les gar-

des du monde. Ce qui se verifiera assez par
ce que Greg. de Tours au 7. liu. chap. 18. &
Aimoin..au 3. liu. chap. 63. escriuent, Que le
Roy Gontran fut aduerty par vn homme de
balle qualité à Paris, qu'il se donnast de garde, des embusches que Faraulphe luy dres-
soit: & que sur le champ, il se prouueut d'armes & d'hommes pour sa garde, de sorte,
que depuis il ne venoit pas mesme au temple, qu'il n'eust tousiouts à l'entour de soy,
vne compagnie de soldats armez. Il se trouue encore auiourdhuy vne histoire, de la
vie du Roy Sainct Loys, escrite par vn personnage notable, à sçauoir, le Sieur Ian de
Ionuille, qui eut cest heur d'estre fort long
temps aupres de ce Roy là, & de conuerser
familierement auec luy: mais en toute ceste
histoire là, vous ne sçauriez trouuer vn seul
endroit, où il soit parlé ny de satellites, ny
de hallebardiers, ny de compaignie de la
garde: mais seulement de portiers, qu'il appelle en langage vulgaire Huyssiers. Quant
à la troisieme marque de tyrannie, qui est,
quand toutes choses sont rapportees à la
commodité, & au plaisir de celuy qui domi
ne, & non pas à la conseruation des suiets,
nous monstrerons cy apres, que la souue-
ueraine & principale administration du
Royaume des Francsgaulois appartenoit à
la

la generale & solennelle assemblee de toute
la nation qu'on a appellé depuis l'assemblee
des trois estats. Car l'estat du gouuernemét
de ce Royaume, estoit tout tel, que celuy lequel au iugement des anciens Philosophes,
nommément de Platon & d'Aristote, que
Polybius à suyuis, est le meilleur, & le plus
parfait de tous les autres : c'est à scauoir, celuy qui est composé & téperé de toutes les
trois especes de gouuernement : de la Monar
chie, où il n'y a qu'vn Roy qui cómande sou
uerainement, de l'Aristocratie, qui est l'e-
stat de la noblesse, où vn petit nombre des
plus gens de bien, a l'autorité entre mains,
& de l'estat où le peuple est souuerain : qui
est aussi la forme de gouuernement politique, que Cic. a la plus approuuee de toutes
en ses liur. de la Rep. Car l'estat de la Royauté estant directement contraire à vn gouuernemét populaire, il est besoin de mettre
quelque tiers entredeux, qui serue de cótre-
poix, & touchant aux deux extremitez, autát
à l'vne cóme à l'autre, les tiene en egale ba-
láce : c'est à scauoir, l'estat où quelque nóbre
de gens de bien & d'hóneur ait le gouuerne
ment, lequel à raison de la noblesse de race
cóiointe auec la suffisance, & experiéce aux
affaires, approche de la dignité Royale : mais
aussi pourtant qu'il est vn degré plus bas;

g

à cauſe de la ſuietiõ qui luy eſt cõmune auec
le peuple, n'eſt pas fort eſloigné de l'eſtat
populaire. Car il recognôiſt vn meſme Seigneur, & depend d'vn meſme Prince, cõme
le reſte du peuple. Mais il y a entre autres
vn beau paſſage de Cic. où il loue hautemẽt
ceſte ſingulierement bõne tẽperature, & e-
ſtabliſſemẽt de gouuernemẽt politique, lequel a eſté dextremẽt retiré & repreſẽté des
li. de la Rep. de Platon & cõbien qu'il ſoit ſi
propremẽt couché en ſa lãgue, & en ſi bons
termes, qu'il ne ſoit poſſible de luy dõner v-
ne telle grace en la noſtre: toutefois nous le
mettrõs icy, Tout ainſi, dit-il, qu'il faut, que
ceux, qui iouẽt des inſtrumens de Muſique,
ou qui chãtent à pluſieurs parties, tienẽt vne
meſure, & ſonnẽt vn chãt harmonieux, meſlé de diuers ſons, ou de diuerſes voix amaſ-
ſées & accordees enſẽble, leſquelles, ſi elles
vienent à s'eſclater tant ſoit peu, & à ſortir
hors de ton, fõt mal aux oreilles de ceux qui
s'entendent en l'art de Muſique:& cependãt
ceſte harmonie ne vient d'ailleurs, que de la
cõſonãce parfaite, & bien accordee de voix
differẽtes: ainſi en matiere de gouuernemẽt
d'vne choſe publique, qui eſt cõpoſee de per
ſonnes de haute, de moyene & de baſſe qualité, quãd les parties differẽtes s'vniſſẽt, liẽt
& incorporẽt enſemble, il n'y a harmonie ſi
muſicale, ne melodie mieux accordee qu'eſt

celle de la côcorde, qui procede de l'vnion,
charité & meslange des citoyens d'vne mesme ville, qui est comme vne chaine forte &
roide, pour asseurer & retenir l'estat d'vne
chose publique, qui ne peut en sorte quelconques durer long têps sans iustice. Pourtant me semble bien, que nos Maieurs, s'estudians à maintenir leur Repub. en ceste
bonne temperature, qui est meslee des trois
especes de gouuernement, ordonnerét tressagement, qu'on tiendroit tous les ans vne
assemblee generale de tout le Royaume, le
premier iour de May: & qu'en icelle on delibereroit par le commun conseil de tous
les Estats des plus grans affaires du Royaume. Et y a trois poicts principaux, qui donnent euidemment à cognoistre, de quel
profit, & de quelle consequence fut celle
ordonnance: Premierement, pource qu'au
iugement de Salomon, & de plusieurs autres sages hommes, il faut par raison, que
l'abondance & meureté de côseil, se trouue
en l'honorable côpaignie & sage conference d'vn bon nombre d'anciens: secondemét,
pourautant que c'est vne partie de liberté,
que l'autorité & le conseil de ceux-là entreuiene au maniemét des affaires, esquels gist
la ruine ou côseruation de leur Estat: & que
cela soit ratifié par tous, là où tous ont inte

reſt. Finablement, afin que ceux qui ont cre
dit aupres du Roy, & ont de grans gouuernemens, ſoyent retenus en leur deuoir, par
la crainte de celle aſſemblee, où les plain-
tes & doleancces des Communautez ſont
patiemment ouyes.   Car quant à ce qu'il
y a des Royaumes, qui ſont gouuernez
ſous le plaiſir & volonté d'vn Roy, Ariſto-
te au troiſieme liure des Politiques, ſemble
auoir treſ bien iugé, que ce n'eſt point là
vn gouuernement ſeát à hommes libres, &
qui vſent de l'adreſſe de la raiſon, mais
bien plus conuenable à des beſtes brutes
deſpourueues de iugemét & de conſeil. Car
la choſe deuroit aller tout au rebours : &
ne plus ne moins qu'on voit que les brebis
ſont conduites par quelqu'vn, qui n'eſt pas
de leur ſorte : & que les enfans ou ieunes
garçons ne ſe laiſſent pas gouuerner & dreſſer par vn de leurs compagnons, mais par
quelqu'vn, qui a plus d'aage, & plus de prudence qu'eux : ainſi pour certain la multitude des hommes, deuroit eſtre regie & gouuernee, non point par quelqu'vn d'être eux,
qui le plus ſouuent n'aura pas telle ſuffiſance & experience aux affaires, comme beaucoup d'autres, mais par ceux qui ſeroyét approuuez & choiſis par le conſentement general de tout vn peuple, côme les plus vertueux

tueux & les plus fuffifans de tous, pour en
faire vn corps entier de côfeil, où plufieurs
entendemés & plufieurs bôs cerueaux eftás
amaffez & recueillis enfemble, fuffent côme
l'ame qui gouuernaft & remuaft tout le refte du corps de la chofe publique. Car
quant à ce que les Roys ont vn confeil ordinaire aupres d'eux, par l'aduis duquel ils
difent qu'ils gouuernēt la Republique. Pre-
mieremēt c'eft autre chofe, d'eftre du côfeil
du Royaume, & autre chofe d'eftre du confeil priué du Roy. Car le premier tend à
prouuoir au bien de toute la Repub. vniuer
fellement : l'autre ne penfe qu'à feruir aux
commoditez & auantages d'vn hôme. Puis
apres, veu que ces confeillers ordinaires re-
fident toufiours en vn lieu, ou pour le
moins ne bougent gueres de la Cour du
Prince, ils ne fcauroyent ne voir, ne bien
cognoiftre l'eftat des prouinces, qui font
les plus efloignees. D'auantage, il n'aduient
que trop fouuent, qu'eftans amorchez par
les delices & voluptez de la Cour, ils fe cor-
rôpent, & fe laiffent aifément tranfporter à
vne conuoitife de dominer, & au defir ex-
ceffif de faire leurs maifons grandes : de forte qu'a la fin, ils donnent à cognoiftre, qu'ils
ne font point Confeillers du Royaume, &
du bien public : mais qu'ils font flateurs d'vn

Roy, & miniftres de fes diffolutions & des
leurs. Et à ce propos, il fe trouue dedans
Fl. Vopifcus vn bon traiĉt de l'Emp. Aurelian, qui eft bien digne d'eftre icy rememo-
ré. I'ay, dit-il, autrefois ouy dire, qu'il n'y
auoit chofe plus mal-aifee à faire, que de
bien commander. Il y en a quatre ou cinq
qui s'affemblent:& prenent vn confeil, pour
abufer l'Empereur : & luy rapportent ce
que bon leur femble. l'Empereur, qui ne
bouge de la maifon, ne fcait rien au vray de
l'eftat des affaires, & n'en peut rien fcauoir,
finon autant, que ceux cy luy en veulent dire. Il met en eftat de iudicature ceux, qui
qui n'y doyuent pas eftre. Il demet du gouuernement ceux, qu'il deuroit retenir: Brief
comme difoit Diocletian, le bon, le fage, le
poure Empereur eft trahy & vendu. Cela
fait, autāt que nulle autre chofe, cognoiftre
euidemment le grand fens, & la longue pro-
uoyance de nos anceftres, à qui voudra de
pres confiderer les dangers, & inconue-
niens, aufquels ils ont voulu prudemment
remedier, quand ils ont ordonné, que la
chofe publique fuft adminiftree par le confeil des eftats: & que pour tenir ce confeil
le Roy, les Princes, & les deputez de chafque prouince, s'affemblaffent en vn certain temps de l'annee. Laquelle couftume

me a aufsi eſté autrefois en vſage entre pluſieurs autres nations. Premierement en
noſtre ançiene Gaule , que nous auons
monſtré cy deſſus , auoir eſté adminiſtree
par vn commun Parlement des plus notables choiſis & deputez par le peuple. Mais
pourautant qu'il eſt icy queſtion d'vn Royaume, c'eſt vne choſe aſſez cognue, que le
Parlement des Amphictyons, fut inſtitué
par le Roy Amphictyon, fils de Deucalion
(ainſi qu'en font foy Suidas,& quelques autres) & que là s'aſſembloyént à vn temps
prefix de l'annee, les deputez des douze Citez & Prouinces de la Grece, pour y deliberer en commun , des matieres d'importáce,
& affaires concernans l'eſtat du Royaume
& de la choſe publique : à raiſon dequoy,
Ciçeron l'appelle l'aſſemblee commune,
Pline, l'aſſemblee publique, ou generale de
la Grece. Ceſte meſme prudence eurent
les Alemans en eſtabliſſant l'eſtat de l'Empire d'Alemaigne: où l'Empereur repre-
ſente le gouuernement de Monarchie. Les
Princes, d'Ariſtocratie : & les Ambaſſadeurs & deputez des villes retienent l'apparence de Democratie, c'eſt à dire,de l'eſtat
populaire:& n'y a rien de tout ce qui appartient au gouuernement politique de l'Alemaigne, qui ſoit tenu pour ferme & inuio-

lable, s'il n'a esté passé par l'aduis de l'assemblee de ces trois estats-là. Ce fut aussi l'intention qu'eurét iadis les Lacedæmoniens, quand ils donnerent (comme dit Platon) vn mors à leurs Roys, qui fut la puissance & autorité des Ephores, c'est à dire, des Contrerolleurs, afin qu'ils se gouuernassent par leur côseil & aduis, en l'administration de la chose publique. Pline dit semblablement au 22. chap. du sixieme liure, que c'estoit la mesme forme de police, qui estoit establie en l'isle de Taprobane, où le peuple donnoit au Roy nouuellement eleu trente Gouuerneurs, sans le conseil desquels il ne pouuoit rien ordonner en matiere d'estat: pour euiter, que les Roys n'vsurpassent vne puissance infinie sur leurs citoyens, & qu'ils ne mastinassent leur peuple, ne plus ne moins, qu'on fait des esclaues, ou des moutons. Les Anglois obseruét aussi ceste mesme forme de gouuerner leur Royaume, tesmoin Polydore Verg. au liure, II. de l'hist. des Anglois, où il escrit ainsi. Auát ce téps-là (dit-il, parlant du temps du Roy Henry 1.) Les Roys n'auoyent pas accoustumé de tenir asséblee de peuple, pour deliberer des affaires, sinon que bié rarement: de sorte qu'on peut dire, que ceste coustume cómença à Héry: laquelle depuis à tellemét pris pied ferme, & s'est si

bien

bien maintenue, que de la en auant s'il y a-
uoit quelque matiere d'importance , & qui
concernaſt l'eſtat de la republique à deliberer, on la rapportoit à ceſte aſſemblee generale:& ſi le Roy ou le peuple auoit ordonné
ou commãdé quelque choſe on n'en faiſoit
pas grand cas, s'il n'auoit eſté authoriſé &
paſſé en ce conſeil-la. Et pour euiter que la
multitude du peuple, qui bien ſouuent n'a
pas grand ſens & iugement, ne vint à alterer
les aduis propoſez en ce Conſeil , il fut fait
vne ordonnance au commencement, laquel
le arreſtoit & limitoit le nombre & la qualité de ceux de l'eſtat du Clergé , & de ceux
du peuple qui s'y deuroyent trouuer. Ils appellent en commun langage Parlement, à la
mode des François, celle congregation que
chaſque Roy a accouſtumé de tenir à l'entree de ſon regne : lequel le conuoque puis
apres toutes fois & quantes que bon luy ſem
ble &que l'occaſiõ s'en offre. Voila ce qu'en
dit Polydore. Mais entre toutes les couſtumes des nations que nous auons recitees , il
ny en a point encore qui ſoit plus remarquable que celle des Eſpagnols: leſquels quand
ils creent vn Roy en l'aſſemblee generale
des Eſtats d'Aragon, pour rendre l'action
plus memorable, ſont venir vn homme deſ-
guiſé , comme s'ils vouloyent iouër vne far

ce , auquel ils imposent le nom de Droict
d'Aragon , & declarent qu'il est par l'ordon
nance du peuple plus grand & plus puissant
que le Roy : finablement ils s'adressent au
Roy mesmes qu'ils ont eleu sous certaines
loix & conditions, & luy disent en ces termes
lesquels nous auons icy expressément infe-
rez, pourautant qu'ils monstrent la magna-
nimité qui est en celle nation , à brider la li-
cence de ses Roys , & les mener à la raison:
NOS QVI VALEMOS TANTO CO-
ME VOS . Y PODEMOS MAS QVE
VOS, VOS ELEGIMOS REY CON ES
TAS Y ESTAS CONDITIONES: IN-
TRA VOS Y NOS, VN QVEMAN-
DA MAS QVE VOS. Qui vaut autant à
dire comme, Nous qui valons autant comme vous, & qui pouuôs plus que vous, nous
vous elisons Roy, auec telles & telles conditions : entre vous & nous vn commande
qui est plus que vous. Or puis donques que
ceste coustume & ce droict a tousiours esté
en vsage entre toutes nations, i'enten de cel
les qui viuent sous vn gouuernement Royal
& moderé, non pas sous vne domination tyrannique: on peut de là aisément conclurre,
non seulement que ceste liberté tant belle
de tenir assemblees generales de conseil, est
vne partie du droict des gens, mais mesmes
que

que les Roys qui par mauuaises pratiques
& cauteles oppriment ceste saincte & sacree liberté, ne doyuent plus estre tenus en
qualité de Roys, mais de tyrans, cóme ceux
qui violent le plus sainct droict qui ait iamais eu lieu entre les hommes, & rompent
les liés de toute societé humaine. Mais pour
retourner à nostre propos, apres que la forme de la police de nostre chose publique,
eut ainsi esté temperee & composee des
trois especes d'estat (ainsi que nous auons
dit)il fut ordonné: qu'on assembleroit tous
les ans, & lors qu'il escherroit quelque matiere de consequence, vne solennelle & publique congregation : qui fut à ceste raison
appellee le Parlement des trois Estats : qui
ne signifie autre chose, sinon qu'vn colloque
& assemblee de gens amassez de diuers lieux
pour deliberer & aduiser sur les affaires có-
muns. Et de là vient que les entreueuës &
colloques qui se font entre ennemis pour
cause de paix ou de trefues, ne s'appellent
point autremét en nos chroniques que Parlemens. Or en ceste assemblee la presidoit le
Roy assis en vn throne d'or : assisté de ses
Princes & des grans Seigneurs & Gouuerneurs du Royaume qui estoyent assis vn peu
plus bas que luy:& au dessous d'eux les Am
baffadeurs des prouinces, que nous appel-

lons communement les Deputez. Car quãd
le iour de l'assemblee estoit venu, on cõdui-
soit le Roy dedans la salle preparee pour
ceste action auec vn appareil, qui tenoit
plus d'vne moderatiõ ciuile & populaire que
de la magnificence Royale. Et nonobstant
que ie m'asseure que ces flateurs & mignons
de Cour d'auiourd'huy ne faudront pas d'en
faire leurs risees : toutefois d'autant que
c'est vne partie de la pieté & de la reuerence que nous deuons à nos predecesseurs, que
de prendre plaisir à considerer leur sagesse,
nous exposerons qu'elle estoit la pompe de
ceste entree icy, ainsi que les monimens anciens en font foy. Premierement donc le
Roy estoit monté sur vn chariot trainé par
des bœufs, qu'vn bouuier picquoit atout
vn aguillon. Et apres que le Roy estoit arri
ué, & entré dedans la salle où se deuoyent
tenir les estats, les Princes le menoyent &
l'asseoyent sur vn siege d'or : & les autres
(comme nous auons dit) se mettoyent chas-
cun en sa place & en son reng. Estant donc
le Roy en tel estat & seant auec ses estats,
on l'appelloit adonc la Maiesté Royale. Et
pouuons voir tout cecy representé nayue-
mẽt, en l'image qui est grauee dedãs le seau
de la Chancellerie : car ce n'est point la figure d'vn Roy qui soit monté sur vn cheual de
guerre

guerre, ny fur vn char triomphant:mais il y
eft reprefenté auec fa robbe longue, feant
en fon throne, la couronne fur fa tefte, & tenant en fa main droite vn fceptre Royal , &
en la gauche vn fceptre de Iuftice, & prefi-
dent en vne affemblee folennelle. Auffi eft-
il pour certain conuenable, que là propremét on vfe de ce terme honorable de Royale maiefté lors que le Roy tient côfeil, pour
deliberer de l'eftat de la chofe publique:
mais quelle apparence y a-il que foit que le
Roy iouë, foit qu'il danfe, foit qu'il babille
auec des femmes, que cependant on ne l'ap
pelle iamais autrement que Royale maiefté , ainfi qu'on fait cômunément à la Cour.
Mais outre ce que nous auons dit, nous pro
duirons encore des tefmoignages de cecy:
Premierement du liure d'Eguinard, qui fut
Chancellier de Charlemagne, & a efcrit
l'hiftoire de fa vie. Quelque part , dit-il,
qu'il euft befoin d'aller , il fe faifoit mener
fur vn chariot que des bœufs tiroyent, &
qu'vn boüuier conduifoit à la mode de village. Et ainfi alloit-il au palais,ainfi à la publique affemblee de fon peuple, qui fe tenoit tous les ans pour la conferuation du
Royaume : & autant en dit Iean Naucler
prefque en mefmes termes en fa chronolog.
Gener. 26. & l'auteur de la grande Chroni-

que au commencement de la vie de Charle.
maigne fueil. 177. Si ne doit-on pas trouuer
cela trop estrange:attendu que telle estoit la
coustume de ce temps-la, que les Roys,les
Roynes & leurs enfans ne se fissent mener
par autre sorte de voiture que par des
bœufs:ainsi qu'on peut retirer d'vn passage
du cha.26.du 3.liu.de Greg.de Tours, où il
dit ainsi. Mais la Royne Deuteria (ainsi se
nōmoit la femme du Roy Childebert)voyāt
que sa fille , qu'elle auoit eu de son premier
mary,estoit desia fort grāde,& craignāt que
le Roy n'en deuinst amoureux & ne l'espou
sast,la fit mettre dedās vne charrette trainee
par des ieunes bœufs farouches,& non enco
res faits au ioug,qui l'emporterent & la ver
serent de dessus vn pōt en bas. Et touchāt le
tribunal d'or où le Roy se seoit,quād il presidoit en conseil, Aimoin.en parle au ch.30.
du 4.li.Il fit assigner(dit-il du roy Dagobert)
le Parlement general en vn lieu nōmé Bigar
ge:où tous les Princes & Seigneurs de Frāce
se trouuerent au premier iour de May : & le
Roy estant en vne chaire d'or , cōmença à
parler ainsi &c.Item au ch.41.où il parle du
Roy Clouis:Et seant au milieu d'eux dedans
vne chaire d'or,commença ainsi sa harāgue,
&c.Item Sigebert en la chro.de l'an 662.dit
que c'estoit la coustume des Roys de Frāce

au

au premier iour de May de prefider en leur
confeil, en lã prefence de tout leur peuple:
d'eftre faluez de leurs fuiets, & de leur rêdre
leur falut:de receuoir prefës en figne de foy
& de recognoiffance,&de leur en faire aufli:
ce que Geor. Cedrenus declare tout de mefmes & prefque en femblable fubftance. Or
quant à l'autorité qu auoyent les fuiets qui
venoyent à cefte affemblee de confeil,il y en
a quelques tefmoignages formels dedãs Ai-
moin.au 41 ch.du li.4. Cõbiê (ce dit le Roy)
que le foin que ie doy auoir de cefte principauté terriene,ô citoyés de Frãce,m'aduer-
tiffe de vous appeller pour confulter &deli-
berer des afaires publiques,&c.le mefme au
74. ch. du mefme liu.Il luy fallut aller,dit il
à l'entree de l'Efté en Saxe,où il tint tous les
ans le Parlement general , cõme il auoit ac-
couftumé en France. Itê au li.4.cha.13.où il
parle de Charlemaigne:Ayãt acheué fa chaf
fe,dit-il,à Aix en Alemaigne, à fon retour il
tint congregation folennelle de fon peuple,
comme il auoit de couftume. Au chap.116.
l'Empereur ayant tenu deux diettes generales,l'vne à Noyon,l'autre à Compiegne,où
il receut aufsi les prefens , qu'on fouloit luy
faire tous les ans, &c. Item au chap. 117. Au
mois d'Aouft il s'en vint à Vormes & ayant
tenu iournee Imperiale , receut les prefens,

qu'on luy faifoit chacun an d'ordinaire, ouit
& fit refponfe à plufieurs ambaffadeurs. Ité
au 5. liu. chap. 31. Il tint le Parlement general
le 13. de Iuin au village de Duziac, oú il receut les dons & prefens annuels. Voila quãt
à cefte affemblee folennelle, laquelle les hiftoriens & François & Allemans, qui ont ef
crit en Latin, par vne corruption de cefte lan
gue, ont appellee quelquefois la Cour, &
d'autrefois auffi (Placitum:) cõme les exem
ples s'en peuuent voir au cha. 14. du 7. liu. de
Greg. de Tours: & au chap. 109. du 4. d'Aimoinus où elle eft nõ mee (Placitum) Et ailleurs, Conuentus, c'eft à dire congregation
generale : comme dedans Aimoinus au liu.
4. chap. 64. où il parle du Roy Pepin : Il leur
fit promettre, dit-il, parlant des Saxons, de
faire toute fa volonté, & de luy amener tous
les ans à chafque congregation generale,
ttois cẽs courfiers par forme deprefent. Car
c'eftoit vn ordinaire, qu'en ce Parlement-la
on enuoyoit de tous coftez des prefens au
Roy. Item au chapitre 85. Et n'ayant pas oublié la deloyauté des Saxons, il tint congregation generale de là le Rhein au village de
Cuffenftein. Ce Parlement fe nommoit auf
fi la Cour: dont eft venue cefte commune fa
çon de parler, que quand on veut dire qu'on
va là où eft le Roy, on dit qu'on va à la Cour
pour

pourautant qu'on n'alloit point volontiers
vers le Roy, sinon qu'a l'assignation du Parlement general, & pour grandes affaires. Aimoinus au liu. 5. chap. 50. Charles, dit-il, fils
du Roy de Dannemarc, ayant vn different
auec quelques Seigneurs de Flâdre, les som-
moit raisonnablement de s'en soumettre à
l'arbitrage de la Cour. Et au chapi. ensuy-
uant. Henry Roy des Romains estant decedé, en celle grande & generale Cour, qui fut
tenue à Mayence, &c. Item Otton Frising.
au 40. cha. du 1. liu. de Frider. Apres, dit-il,
l'Empereur entra en Bauiere, & la tint Cour
pleniere & generale, au mois de Feurier. I-
tem au 43. chap. Conrad Roy des Romains,
ayant conuoqué les Princes à Francfort ville de la France Orientale, y celebra la Cour
generale.

¶ De la sacree & inuiolable authorité de
l'assemblee generale des Estats, & de
quelles matieres on y traitoit.
CHAP. XI.

R est-il maintenant le propre
endroit où il faut que nous cô-
sideriôs quelles matieres se de
cidoyēt en ceste assemblee so-
lēnelle : & admirions le grand
sens & la prudence que monstrerent nos

h

Maieurs en establiſſant & ordonnant la forme de leur Police. Voicy donc ſommairement preſque toutes les matieres qu'on y deliberoit : Premierement de l'election ; ou de la depoſition d'vn Roy: Conſequemmēt de la paix & de la guerre, & des loix publiques:des ſouuerains eſtats &offices;gouuernemens &adminiſtrations de la choſe publique:d'aſſiguer quelque partie du domaine aux hoirs maſles du Roy defunct, ou d'eſtablir douaire aux filles (ce qu'ils appellerent d'vn mot Alemand,Apanage,qui vaut autāt à dire, côme part excluſoire, c'eſt à dire qui forcloſt les puiſnez ou les filles du droict qu'ils pourroyent auoir au demourant de la ſucceſſion :) finablement de toutes les matieres,qu'on appelle communement encore à preſent, Affaires des Eſtats : pourautant qu'il n'eſtoit loiſible de decider de quelque affaire concernant l'eſtat de la choſe publique ; ſinon qu'en l'aſſemblee des Eſtats. Or quāt eſt à la creatió ou depoſition des Roys, nous en auons deſia produit pluſieurs teſmoignages tirez,tant du teſtament de Charlemaigne, que de pluſieurs auteurs. Toutefois encore en mettrons-nous icy vn du 17. cha. du liu. 5. d'Aimoin. où il parle du Roy Charles le Chaûue: Ayāt tenu, dit-il,aſſemblee generale à Cariſiac,il mit la ceinture& l'eſpee

l'eſpee à ſon fils Charles : & vne couronne
ſur la teſte, luy donnant par ſon partage, la
Neuſtrie:& à ſon autre fils Pepin, l'Aquitaine. Quant à l'adminiſtration du Royaume
ce meſme auteur nous fournira d'vn teſmoi
gnage formel au liure 5. chapitre trentecin-
quieme, où il parle encore de Charles le
Chauue:Charles, dit-il, voulant aller à Rome, tint vn Parlement general à Compiegne le premier iour de Iuin:auquel il ordonna & mit par chefs & articles, la maniere
que ſon fils Loys aſsiſté de ſes feaux Conſeillers, & des Princes du Royaume, tiendroit à gouuerner la France, iuſques à ſon
retour de Rome. Et au meſme liure, chapi.
42. où il parle du Roy Charles le Simple:
Les Seigneurs de France, dit-il, iugeans,
qu'il n'eſtoit pas en aage capable d'adminiſtration d'affaires & de gouuernement (com
me auſsi n'eſtoit-il) tindrent conſeil de matieres de grande conſequence : & les principaux de France, de Bourgongne, & d'A-
quitaine s'eſtans aſſemblez eleurent Odon
tuteur de Charles, & gouuerneur du Royau
me:Touchant les loix & conſtitutions qui
s'y faiſoyent, Gagnin le certifie aſſez en la
vie du Roy Loys ſurnommé Sainct.Le Roy
Loys, dit-il, eſtant arriué à Paris, tint Parle
ment general, reforma l'eſtat de la republi-

establissant de tres-bonnes loix, Que les iuges eussent à administrer droite iustice à chá
cun, & n'achetassent point les offices, &c.
Quant aux Estats & gouuernemens, dont
on prouuoyait des personnages cognus & ap
prouuez, Aimoinus en fait mention au 36.
chapitre du liu. 5. où il parle de Charles le
Chauue: lequel auant son couronnement a-
uoit departy les gouuernemens à sa fanta-
sie & à qui bon luy auoit semblé : mais les
Princes & Seigneurs du Royaume firent
conuoquer les Estats generaux, & depesche
rent des ambassadeurs vers le Roy : & si ne
voulurent souffrir que le Roy fust couronné, que premier il n'eust vsé de leur conseil
& autorité à inuestir & prouuoir de ces E-
stats-la ceux qui en seroyent dignes. Les Sei
gneurs du Royaume, dit-il, indignez & mar
ris de ce qu'il auoit donné des Estats à quelques vns sans leur consentement, à raison
de cela cohspirorent contre luy, & tindrent
leur assemblee à part au village de Vvit-
mar : & de la cnuoyerent vne ambassade a'
Loys, & Loys aussi vers eux, &c. Item en la
continuation de l'histoire de Gregoire de
Tours, au liure onziesme, chapitre cinquante & quatrieme. Ceste annee-la, dit il, le
Roy Clothaire se trouua à Troyes en Chá-
paigne auec les Seigneurs & suiets de Bour-
goigne

goigne : où il les solicita de dire, s'ils vouloyent substituer quelcun en l'estat de Vvar
nharius qui estoit decedé : à quoy ils respon-
dirent tous que non : & qu'ils ne vouloyent
point elire vn Maire du Palais : mais qu'ils
desiroyent d'estre en la bône grace du Roy
& par ainsi ils accorderent auec luy. En ce
mesme lieu se terminoyent aussi les differés
des grans Princes : & principalement ceux
qui sembloyent emporter auec eux la ruine
de l'estat public. Car Aimoin. au liu. 4. cha.
1. où il parle de Clothaire fils de Chilperic,
auquel Brunechilde demandoit le Royaume d'Austrasie, en escrit ainsi : Clothaire,
dit-il, luy respondit qu'elle deuoit faire con
uoquer l'assemblee des grans & nobles personnages de France, & là mettre en delibera-
ration du conseil tels affaires d'estat : & que
de luy il obeiroit en tout & par tout à leur
determination, & qu'il ne contreuiendroit
aucunement à ce qu'ils auroyét commãdé :
Autant en dit celuy qui a poursuiuy l'histoi
re de Greg. au liu. 11. Clothaire, dit-il, respõ
dit, qu'il s'en tiendroit au iugemēt des depu
tez des estats de Frāce, & promettoit de met
tre à execution, tout ce qui seroit aduisé entre eux, moyenant l'aide de Dieu. Aimo. au
12. ch. du 5. li. où il parle du Roy Loys le Debonnaire, qui estoit en dissensiõ auec ses en-

fans, côferme le mefmes. Ainfi côme l'arrie
re faifon de l'Automne, dit-il, approchoit,
ceux qui tenoyent le party contraire à l'Empereur, demandoyent qu'on tinft yne affemblee generale en quelque part de France Et
au chã.13. Il commanda que fon peuple generalement s'affemblaft au village de Thro-
don. Et vn peu plus auant: Mais quelque
temps apres il conuoqua le peuple à la fefte
fainct Martin, & effaya par tous moyens de
faire retourner vers foy fon fils Pepin: qui
fuyoit fa prefence; mais luy n'en vouloit
rien faire. Et Gaguin deduifant la mefme
hiftoire: Les complices de la coniuration,
dit-il, voyans bien qu'ils ne pourroyent venir à bout de demettre le Roy fans l'autorité
du confeil des Princes, firent tout leur effort pour faire tenir vne affemblee en France. Mais Loys s'y oppofoit, eftant bien aduerty, que les François eftoyent gaignez &
perfuadez par fes ennemis: à raifon dequoy
il affigna les Eftats à Mayece, & defendit que
perfonne ny fuft receu qui portaft armes.
Mais afin que fes enfans qui auoyêt confpiré
contre leur pere ne fuffent deftituez de l'au
torité & confentement publique, Lothaire
fon fils aifné ayant fait affembler vn Parlement general de tous les Seigneurs & Euefques du Royaume, tira fon pere de prifon &
le me

le mena à Compiegne. Et derechef Aimoï.
au 38.ch.du 5.liu.où il parle du Roy Loys le
Begue qui tint iournee à Marfue & y mit en
deliberatiõ des Eſtats de faire paix auec ſon
couſin:En ce Parlement, dit-il, il fut accordé par l'aduis de ſes feaux & cõſeillers qu'ils
garderoyent entre eux ces articles & capitu
lations de paix,&c.Maintenant pourſuyuṏs
au reſte des autres matiéres qui s'y traitoyẽt.
Car ie trouue d'abondant, que la couſtume
eſtoit,ſi on auoit mis ſus quelque crime à vn
Prince ou à autre qui fuſt de noble & anciene maiſon,qu'on l'adiournoit à cõparoir en
ce Parlemẽt-là,&à rẽdre raiſon de ſon faiſt.
En ceſte maniere,la Royne Brunehaut ayãt
eſté accuſee & cõuaincue de pluſieurs cri-
mes & meritans la mort,Le Roy Clothaire
fit aſſembler les Eſtats de France:auſquels
il dit ainſi comme recite Aim.au 4.li. cha.1.
Vous mes bons amis & compaignons d armes,&treſilluſtres Seigneurs de France,or-
donnez & iugez quelle punition doit ſouffrir
celle qui eſt cõuaincue de ſi horribles ma-
lefices.Et Adon en l'aage 6.ſous l'an 583.par
lant d'elle meſme:Elle fut,dit-il,ſentẽtiee &
condamnee par les François en la preſence
du Roy : Et ſuyuant la ſentence attachee à
des cheuaux rebours & farouches,qui l'emporterent furieuſement,& la deſmẽbrerent.

Il s'y traitoit auſsi des partages du domaine
du Roy & des appanages & prouiſiós qu'on
donnoit aux puiſnez de Fráce(ainſi que nous
auons dit)dequoy Aimoin. donne des exem
ples au 5.li.cha.94.où il parle de Charlemai
gne.Ces choſes eſtans paracheuées l'Empe
reur tint Parlement auec ſes Princes & les
plus notables de France,& conſera auec eux
des moyens d'eſtablir vne paix qui peuſt du
rer entre ſes enfans:& departir le Royaume
en trois:afin que chacun d'eux ſceuſt quelle
portion il auroit à gouuerner apres le deces
de ſon pere, Et à l'endroit où il parle du par
tage fait entre les enfans du Roy Loys le Be-
gue:au li.5.ch.40.Eux,dit-il,eſtás allez à A-
miés diuiſerét entre eux le Royaume de leur
pere,ainſi qu'il ſembla bô à leurs ſeaux con-
ſeillers.Item au cha.41.où il parle de Caroloman,qui tenoit aſſéblee à Vvormes.A cel
le diette vint Hugues,dit-il,pour demáder la
partion du Royaume que ſon frere Loys a-
uoit euë en appanage. Qui plus eſt,on peut
rapporter de pluſieurs autres paſſages que
quád le Roy vouloit employer quelque grá
de ſomme de deniers, comme à baſtir tem-
ples & fonder colleges ou monaſteres ; il en
demandoit l'aduis aux Eſtats, comme d'Aimoinus au chapitre 41. du liure quatrieme,
où il parle de Clouis ſecond, qui preſidoit

aux Eſtats, & dit, qu'il commença ainſi ſa ha
rangue : Combien que le ſoin de ceſte principauté terriene, ô citoyens de France, m'ad
moneſte de vous appeller pour conſulter &
déliberer des affaires publiques, &c. Mais à
tant eſt-ce aſſez parlé de ceſte matiere. Car
ie penſe, que les teſmoignages que nous a-
uons alleguez, donnent euidemment à cognoiſtre ce que nous auons dit au commen-
cemét, à ſcauoir, que toute l'adminiſtration
politique du Royaume eſtoit entierement
en la diſpoſition de l'aſſemblee des Eſtats:
qu'on appelloit, (ainſi qu'il a eſté veu cy deſſus)quelquefois (Placitum) pourautant que
comme porte l'vſage de la langue Latine
(Placitum) proprement s'appelle, la reſolu-
tion & concluſion finale, qu'on prend touchant vne matiere, qui a eſté debatue & di-
ſputee entre pluſieurs : & c'eſt pourquoy Ci
ceron, & les autres anciens auteurs appellét
les Maximes, qui ſont tenues comme certai
nes & indubitables entre les philoſophes,
(Placita) comme qui diroit, Areſts ou deter
minations. A raiſon dequoy ne me ſemble
point trop impertinente ou mal à propos
celle coniecture, que i'ay deſia declaree en
quelques autres miens eſcrits, à ſcauoir, que
la clauſe, que les Secretaires du Roy ont accouſtumé de mettre à la fin des Edicts &

ordonnances Royaux (Car tel est nostre
plaisir) est venue de ce terme ancien (Placitum) Car ancienement les letres Royaux
s'escriuoyét en Latin: ainsi comme on peut
retirer d'Aimoinus, & des Ordonnances de
Charlem. & autres semblables moniuens:
mais depuis les Secretaires Royaux, quand
ils commencerent à les coucher en langue
vulgaire, tournerent ainsi ce mot de (Placitum) par ignorance, ou plustost malicieuse-
ment & de propos deliberé: (Car tel est nostre plaisir) au lieu qu'il le falloit translater
(Car telle est nostre resolution ou arest pris
auec le conseil de nos Estats) Car touchant
la liberté, que le peuple y auoit d'en donner
son aduis, il y a vn article dedans les Ordon-
náces de Charlem. qui en fait foy: à scauoir,
là où il dit, Qu'on interrogue & demande
l'aduis au peuple, sur chasque article de
ceux qu'on a adioustez de nouueau à la loy,
& apres que tous y auront consenty, qu'ils
apposent au pied des articles leurs seings &
souscriptions de leur main, Par où il appert,
que le peuple de Fráce, n'estoit ancienemét
obligé à garder autres loix que celles là, qui
auoyent esté autorisees par ses voix & suffra
ges : & que telle estoit l'anciene coustume,
ainsi que le monstre ce qui est à la fin de la
loy d'Alem. à scauoir, Cecy a esté ordonné
par

par le Roy & ses Princes & par tout le peuple Chrestien, qui est sous le Royaume des
Merouingiens. Et le cha.38.du 5.d'Aim. où
il dit ainsi. Et en ce Parlement fut accordé,
qu'ils obserueroyent les articles qui s'ensuy
uent,par le consentemēt de leurs feaux. L'accord qui fut fait & passé entre les nobles
Roys,par le consentement d'eux & des com
munautez de leurs feaux suiets.&c. Pour le
dernier,ces Parlemens acquirent telle reputation & autorité vers les autres natiōs, que
quand les Princes estrangers auoyent quelque different à demesler ensemble,bien sou
uent ils en soumettoyēt la decision au iugement des Estats : tesmoin celuy qui a poursuiuy l'hist.de Greg.de Tours au liu.11.cha.
37.où il dit,que l'an 12. du Regne de Theodoric, lequel gouuernoit le pays d'Alsacie,
où il auoit esté nourry, par le commandement de son pere Childebert, il aduint que
ses suiets firent quelque course sur les terres
de Theodebert,en maniere d'hostilité:mais
de peur que le different ne passast outre, les
deux Roys s'accorderent ensemble,de faire
conuoquer vne assemblee generale, au cha-
steau de Saloisse, & là vuider leur debat par
voye de iustice,s'en rapportant à l'arbitrage
des Estats de France.

¶ Des superintédans de l'hostel du Roy,
qu'on appelloit Maires du Palais.

CHAP. XII.

Vant que nous passions plus
outre à exposer, comment l'au,
thorité & la puissãce des Estats
s'est continuee d'aage en aage,
nous nous arresterons vn peu icy, à traiter
de l'estat de ceux, qu'on appelloit sous les
regnes des descendans de Merouëe Maires,
ou Maistres du Palais. : lesquels apres qu'ils
eurent quelque temps affoibly & tiré à eux
la puissance des Roys, à la fin, quand leur oc
casion fut venue, la supplâterent du tout, &
s'en firent les maistres. I'estime donc, qu'ils
tenoyent vn mesme degré d'honneur en la
Cour de nos Roys, qu'auoyent anciénemét
en la maison des Empereurs de Rome, ceux
que les Latins appelloyent (Præfecti Præ-
torio,) c'est à dire, Superintendans, commis
pour le gouuernement de l'hostel de l'Empereur, que nous appellons auiourdhuy
Grans Maistres. Si estoit lors la coustume,
qu'en la mesme assemblee d'Estats, où le
peuple elisoit les Roys, là mesme, il eslisoit
ces Maires icy, pour estre les Gouuerneurs,
& les premiers Assesseurs du cõseil public.

Et

Et de là vient, que nous lisons si souuent dedans nos Historiens, Et ils l'eleurent, pour
estre en estat de Maire du Palais: Ité, Apres
le deces de Herchinold Maire du Palais: les
François establirent Ebroin en l'estat de mai
stre & superintendant en l'hostel du Roy.
Item: Ils eleurent Childeric Roy, & Vvol-
fold Maire du Palais. Lesquels tesmoignages peuuent mesmes seruir pour verifier ce
que nous auons dit au precedent chapitre, à
sçauoir, que ce n'estoit point la coustume,
que le Roy donnast les principaux Estats &
offices du Royaume à qui bô luy sembloit,
mais qu'ils estoyent departis par l'aduis des
Estats, aux plus feaux & mieux approuuez
personnages, qu'on sceust choisir. Mais il
en prit de ce magistrat-là, le mesme de ce
qui aduint lors que les Lacedæmoniens e-
stablirent Agesilaus Capitaine en chef, sur
l'armee qu'ils enuoyerent en Asie : & luy
donnerent Lysander pour son Lieutenant:
ainsi comme Plutarque le recite en la vie de
Lysander. Car ne plus ne moins, dit-il, qu'il
se fait, & qu'il aduient souuent, quand on
ioue des tragœdies sur vn eschaffaut, que
celuy qui iouera le personnage de quelque
messager, ou de quelque seruiteur, sera plus
excellent ioueur, & qui se fera ouir entre
tous les autres: & au contraire, celuy qui a le

bandeau Royal à l'entour de la teste, & le
sceptre en la main, à peine l'étend on parler:
ainsi estoit-il lors, car toute la dignité deuë
à celuy qui commande, estoit à l'entour du
conseiller, & ne demeuroit au Roy, que le
nom de la Royauté seulemēt, denué de toute puissance: Autant en prit-il en nostre
Cour de France, où ceux qui auoyent cest e-
stat icy, prindrēt occasion & moyen de s'ac-
croistre & s'aggrandir de la lascheté & non-
chalāce de quelques Roys: au reng desquels
on peut bien conter, Dagobert, Clouis second, Clothaire, Childeric, & Thierry. Car
cest auteur de l'histoire des François, qui
est allegué par Veneric de Vercelles, en
quelques endroits, toutefois sans le nōmer,
escrit notamment, Que du temps du Regne
de Clothaire, pere de Dagobert, le Royaume de France commença à estre gouuerné
& manié par ceux, qui portoyent le titre de
Gouuerneurs ou Maires du Palais. Cela
mesmes est certifié par Godef. de Viterbe
en la 16. partie de sa Chron. Parquoy cepen
dant que ces Maistres du Palais auoyēt tous
les estats du Royaume en leur main, & tous
les affaires de France en leur disposition: &
s'il falloit entreprēdre & faire quelque guer
re, c'estoit eux, qui en auoyent toute la conduite : les Roys cependant se tenoyent à la
maison,

maifon,où ils fe plögeoyent en delices & oy
fiueté, fe contentans de porter le titre de
Roys feulement, defpouillé de toute autorité. Cefte pratique dura fi long temps, que
Childeric regnant, qui fut le 18. Roy, & le
dernier de la pofterité de Merouee, Pepin
Maiftre du Palais, qui venoit d'Alemaigne,
où il auoit conduit & acheué de groffes &
longues guerres pour le Roy; abbatu & mis
fous fes pieds la puiffance des Saxons, ne re
fufa point l'occafion de fe faifir de la dignité
Royale, lors qu'elle luy fut prefentee, outre
ce qu'il venoit, fuiuy & accompaigné d'vne
groffe armee, & qui auoit le courage eleué,
pour les victoires qu'elle auoit gaignees.
Dequoy les tefmoignages s'en treuuent és
hiftoires, & premierement dedans le chap.
12. de la 5. Chron: d'Otton Frifing. Et en la
16. partie de celle de Godefroy de Viter. qui
le fuit mot à mot, où ils le recitent ainfi. A-
uant le temps, difent-ils, de Pepin le Grãd,
les Roys de France ne fe mefloyét d'aucun
maniement d'affaires, ny d'adminiftration
de gouuernement en façon quelconque, &
ne tenoyent de la Royauté autre chofe, que
le nõ feulemét: mais toute l'adminiftration
du Royaume eftoit en la main des Maires
du Palais. En mefme fubftance en parle Sigebert fous l'an 662. où il fait mention de

Lothaire fils de Clouis : Dés ce temps là,
les Roys de France commencerent à s'a-
neantir & à laiſſer perdre par nonchalance
le ſens, la viuacité, & la hardieſſe, qu'ils ſou-
loyent auoir : de ſorte, que toute l'authorité
du Royaume fut reduite ſous la puiſſance &
diſpoſition d'vn Maire du Palais : quant aux
Roys, ils ne ſeruoyẽt plus que d'idoles pour
amuſer le peuple , & à porter le titre de
Roys, mais de ſe meſler de choſe apparte-
nant à leur eſtat, & d'auoir l'œil aux affaires,
ils ne s'en ſouciqyent plus. Mais combien
qu'il y ait quelque apparence de verité, en
ce qu'en diſent ces auteurs : toutefois ſi faut-
il proceder en cela auec bon iugement, & ſe
donner garde de ſe laiſſer abuſer, en croyãt
à credit. Car Pepin & ſes enfans, eſtans notoirement mal voulus & enuiez, pourautant
qu'ils auoyẽt oſté le Royaume à Childeric,
pour le faire tomber en leur maiſon : il n'y
eut pas faute de gens ingenieux & diſerts,
qui amplifierent ſi bien de paroles la pareſ-
ſe, & le peu de valeur du poure Childeric
& des autres Roys precedens, qu'ils la firẽt
trouuer encore plus grande & plus laide
qu'elle n'eſtoit. Côme fait Eguinard Chancellier de Charlemaigne, lequel n'a rien
oublié, pour faire trouuer ceſte cauſe bonne, & gratifier à ſon maiſtre. Car voicy com
me il

me il en eſcrit tout au commencement de
ſon liure : La race des Merouingiens, de laquelle les Frāçois ſouloyēt elire leurs Roys,
a duré ainſi que lon penſe, iuſques au Roy
Childeric, qui fut depoſé, tondu & mis en re
ligion par le cōmandement d'Eſtie. Pape de
Rome : & combien qu'on puiſſe dire, qu'elle
finit & fut eſteinte en luy : neantmoins il y a-
uoit deſia long tēps, qu'elle auoit perdu tou
te vigueur & vertu de maieſté Royale : & ſi
ne mōſtroit auoir rien de noble, ny de gene-
reux, ains ſeulemēt vne apparence vaine, &
vn titre imaginaire de Roy, ſans aucune autorité. Car toute la puiſſance, les forces &
l'adminiſtration du Royaume eſtoyent entierement entre les mains des Maires du Pa
lais : & ne ſe depeſchoit affaire d'importāce,
que ce ne fuſt par leur cōmandement : ne demeurant rien de reſte au Roy, ſinō de ſe con
tēter qu'on l'appellaſt Sire, & portāt les che
ueux iuſques ſur les eſpaules & la barbe lon
gue, tenir bōne mine, & cōtrefaire le Roy à
bon eſciēt : & d'ouïr les Ambaſſades, qui venoyent d'eſtrāge pays, & leur dōner telle re-
ſponſe, que le Maire luy enſeignoit ou meſme cōmandoit, cōme ſi ce fuſt de ſon autori
té : & au demeurāt, n'auoit riē en ſa puiſſance
fors vn nō de Roy, qui ne luy ſeruoit de riē,
& vne petite pēſion pour ſon entretenemēt,

i

que luy administroit le Gouuerneur du Palais, ainsi cóme bon luy sembloit:& si ne pos
sedoit de propre autre chose qu'vne mestai
rie aux cháps de bien peu de reuenu, dont il
entretenoit quelques domestiques & seruiteurs en petit nóbre. Sigeb. ayát opinion que
tout ce qu'en auoit dit Eguinard fust vray,
sous l'an 662. dit presque tout autant de mal
des autres premiers Roys, qui auoyét regné
lóg téps au parauát. Qu'ils regnoyét à raison
de l'anciene noblesse de leur race : mais au
demeurát de se mesler d'affaires, non:& n'a-
uoyent autre soucy, que de faire bóne chere
manger & boire, en maniere de bestes mues
qu'on engraisse, & ne bouger de la maison
tout le lóg du iour. Ouy, cóme si tous les au
tres anciens Roys s'estoyét ainsi anóchalis,
cóme entre autres vn Clouis 1. lequel non
seulement deffit vn nóbre infiny d'Alemás,
qui se iettoyent dedás les Gaules, à la iournee de Tolbiac: mais mesme chassa & exter
mina de tout point de toutes les prouinces
de la Gaule tout tant qu'il y estoit demeuré
de Romaïs. Et puis, que ditós nous de Chil
debert & de Cloth. qui nettoyerent la Pro-
uence & la Guienne de Vvisigoths & de O-
strogoths, qui s'y estoyét habituez? En toute
l'histoire desquels, il n'est fait tát soit peu de
mention de Maistre du Palais, sinon à l'aduenture

uenture en paſſant, & côme de l'vn des offices & depédans de la Courône, côme au 18. ch. du 5. liu. de Greg. où il parle d'vn Gucilius, & au liu. 6. ch. 9. & ch. 45. & liu. 7. chap. 29. Auſsi n'y auoit-il pas lors ſeulement des Maires du Palais à la Cour, & à la ſuite des Roys: mais auſsi au ſeruice des Roynes: car Gre. au cha. 17. du li. 7. nomme vn Vvaddon, qui eſtoit Grand maiſtre en la maiſon de la Royne Rigunthe: & ailleurs ſouuent Greg. & Aimoin. parlent des Maiſtres du Palais & de la maiſon du Roy : Mais le credit & la puiſſance de ceſt eſtat commença à s'agrandir ſous le Roy Clothaire 2. qui fut enuiron l'an 588. enuiron 130. ans apres, que le Royaume de la Gaule Françoiſe fut eſtably : Ce qu'on peut apprédre de l'hiſtorié lequel Ve neric allegue quelquefois. Il y a bié deux autres hiſtoriés, à ſauoir, Sigeb. & Tritem. qui rapportét le cômencement de leur grádeur au Regne de Clothaire 3. duquel le Maire eſt nommé Ebroin, hôme qui en meſchâceté & en cruauté ne cedoit à nul de ſon téps. Comment que ce ſoit, les Hiſtoriens les appellét encore de quelques autres noms que de Maires du Palais comme, Comtes de la maiſon du Roy , Gouuerneurs ou Superintendans de l'hoſtel, & Comtes du Palais.

¶ A ſcauoir, ſi Pepin fur fait Roy par l'au
torité du Pape, ou de l'aſſemblee
des Eſtats.

CHAP. XIII.

IL a eſté dit cy deſſus, que Pepin
de Maiſtre du Palais, fut fait
Roy, ayant eſté demis Childeric, Roy ſtûp: de & hebeté, &
qu'en ceſtuy Childeric finit la race & maiſon des Roys deſcendus de Merouee: pourtant eſt-il à l'auenture bien requis, de reſou-
dre icy, par l'autorité de qui le Royaume fut
tranſporté à Pepin. Car voicy qu'en dit le
Pape Gelaſe, au chap. alius 15. quæſt. 6. Vn
autre Pape de Rome, dit-il, à ſcauoir, Zacharie, demit vn Roy de France de la Royauté, non pas tant à raiſon de ſes iniquitez
& maluerſations, que pource qu'il eſtoit in-
capable d'adminiſtrer vn ſi puiſſant Royaume, & ſubſtitua en ſa place Pepin, pere de
l'Empereur Charles : diſpéſant & acquittât
tous les Frâçois du ſermét de fidelité, qu'ils
luy auoyent preſté. Si n'y a preſque auteur,
qui n'approuue ce teſmoignage, que le Pape
rend de ſoy-meſme, & qui ne s'y accorde:
comme Ado, Lambert, Rhegino, Sigebert,
Aimoin & Landulphe. Et outre ceux-là, encore

core Veneric de Vercelles, en ce liure que nous auons allegué cy deſſus, cotte ces mots, qu'il a tiçez d'vne Epiſtre du Pape Greg.7. à Herman Eueſque de Mets. Quelque Pape de Rome, dit-il, depoſa de la dignité Royale vn Roy de France, non tant pour le merite de ſes iniuſtices, comme à raiſon de ce qu'il n'eſtoit ny propre, ny ſuffiſant à gouuerner vn ſi grand Eſtat:& ſubrogea en ſa place Pepin, abſolut & deſchargea tout le peuple de France de la promeſſe & obligation de fidelité, qu'il auoit iurée de luy garder. Voila ce que ceſtuy-là en dit. Et Otton Friſing. mentionnant cela meſme, au chapitre vingt & troiſ. du 5. liu.& Godef. de Viterb. en la 17. partie de ſa Chron. ſe mettent à faire vne grande exclamation: Voila diſent-ils, le fait, duquel les Papes de Rome ont tiré l'exemple & l'autorité de tranſporter les Royaumes. Mais prenons garde vn peu, ſi la verité de ceſte hiſtoire n'eſt point aucunement douteuſe, ou bien falſifiee. Car premieremét de tous les Roys de France, qui furent iamais eleus, ou depoſez: c'eſt bien vne choſe hors de doute, qu'il n'y en a eu pas vn, qui ait eſté creé ou demis par l'autorité du Pape : ains au contraire (comme nous auons monſtré,) tout ce droit & ceſte puiſſance d'elire ou d'oſter

les Roys, estoit en la disposition des Estats:
de sorte, que ce seroit bien vne chose estran
ge & incroyable, que les François, eussent
negligé leur droit, à l'endroit de cestuy cy
seulement. Mais qu'est il besoin de tant di-
sputer? Voila Veneric de Vercelles, qui pro
duit le tesmoignage expres d'vn ancié histo
rien, qui auoit escrit des gestes des Fráçois:
par lequel tout ce beau conte icy est con-
uaincu de faulseté & de mensonge: & est af-
fermé en propres termes que Childeric fut
demis de la Royauté, & Pepin installé en
son lieu : suyuant l'anciene coustume des
François: c'est à dire en l'assemblee solennel
le du peuple : à laquelle seule, nous auons
declaré appartenir celle puissance & autorité. Mais voicy ce qu'en dit cest historien
la mesmes, à scauoir, Que la copie de la resolution du Parlement des Estats, & du cou
sentement de tout le peuple de France, fut
enuoyee au siege Apostolic : & qu'apres en
auoir entendu son aduis & autorité, Pepin
par l'election de tout le peuple de Fráce, fut
estably sur le siege du Royaume, auec la có-
secratió des Euesques, & l'homage des Prin
ces. Desquelles paroles, il appert assez, que
Pepin fut eleu & sacré, non point par le Pape, mais par le peuple mesme, & par les E-
stats du Royrume. Ce que Ven. expose encore

core plus clairement vn peu au parauāt fuyuāt l'autorité du mefme hiftorié, quād il dit:
Que Pepin, Maire du Palais, duquel depen-
doit l'entiere adminiftration des afiaires du
Royaume, fut eleu Roy, apres auoir fur ce
enquis l'aduis du Pape: pourautāt qu'il fembloit, que c'eftoit chofe neceffaire, que le
confentement & autorité du Pape y entre-
uinft: Et vn peu apres il adioufte: Que le Pape Zacharie iugeant, que la demande des
Ambaffadeurs eftoit raifonnable & vtile, y
confentit, & Pepin fut creé Roy par la commune voix & fuffrage des Princes. Et prefque de mefme en efcrit Adon en l'aage 6.
fous l'an 727. On enuoya, dit-il, des ambaffadeurs vers le Pape Zacharie pour l'inter-
roguer, fi les Roys de France deuoyent demeurer ainfi, attendu qu'ils n'auoyent nulle
autorité ne puiffance, fe contentans de porter le titre de Roy. Aufquels il fit refponfe,
Que celuy-là eftoit plus digne d'eftre declaré Roy, qui regiffoit la Repub. Retournez
que furēt les Ambaffadeurs, les Frāçois dé-
poferent Child. qui portoit le nō de Roy, &
eleurent Pepin fuyuāt la refpōfe des Ambaf
fadeurs, & du Pape Zach. Outre les prece-
dēs tefmoignages, il y a encore celuy d'Aim.
au 4. li. ch 61. Cefte annee-là Pepin fut decla
rè Roy de Frāce: & fuyuant la couftume des

François fut eleué au siege du Royaume, en
la cité des Soissons. & Godef. de Viter. en la
17. part. chap. 4. de sa Chro. Pepin, dit-il, fut
fait Roy de Frâce, par l'election des Frâçois
& par le Pape Zacharie : & les Frâçois côfinerent en vn monastere Child. Roy fainéât.
Et presque semblables choses en ont escrit
Sigeb. sous l'an 752, les auteurs de l'hist. mes
lee liu. 22. Ot. Fris. li. 5. ch. 21. 22. 23. & l'auteur
du liure, qui se nôme Fasc. téporū. Lesquels
tous ensemble font euidemmēt cognoistre,
Que si les François eleurent Pepin, apres en
auoir demâdé aduis au Pape, pource ne s'en
suit pas necessairemēt, qu'il ait esté creé par
le cômandement & autorité du Pape. Car
c'est autre chose d'elire vn Roy, & autre cho
se de dôner côseil de l'elire : & ce sont choses
differētes, que d'auoir droit d'electiô, & d'a
uoir droit & puissance de dôner côseil. Cô-
bien qu'en telles matieres nul n'a autorité
de dôner côseil, sinon celuy à qui on le demâ
de. Brief il n'y a point d'aureur, qui declare
plus nettement cecy ; ne qui le donne mieux
à entendre, qu'vn Marsille de Padouë, qui a
escrit vn liure de la trâslation & châgement
de l'Empire, au têps de l'Emper. Loys de Ba
uiere, où il en parle ainsi au 6 chap. On lit és
histoires, que Pepin fils de Charles Martel, personnage excellent au fait des armes,
                                                    fut

fut auancé & eleué à la dignité Royale de
France par le moyen du Pape Zacharie.
Mais Aimoin. lequel en l'histoire des Gestes des François en escrit bien au vray,
dit que Pepin fut legitimement eleu Roy par
les François, puis approuué & installé par
les Seigneurs du Royaume: mais que Childeric, qui sous vn titre & image de Roy s'alloit aneantissant en oysiueté & en delices, fut
tondu, & rendu moine. Pourtant ne fut ce
pas Zacharie qui le demit, mais qui consen-
tit à ceux qui le demirent (ainsi comme disent quelques vns). Car vne telle deposition
d'vn Roy, & l'election d'vn autre, pour cause iuste & raisonnable, n'est point vn faict
qui appartiene à la cognoissance d'vn Euesf-
que seulement, ou de quelque prestre, ny
mesmes de tout vn college & assemblee de
prestres: mais de toute vne multitude & cō-
munauté generale de citoyens ou de nobles
habitans en vn pays, & ayans vne plus grande autorité & puissance. Ie croy qu'vn chacun peut voir maintenant clairement, que
tout ce que les Papes font à croire du droict
qu'ils ont d'elire ou de deposer les Roys,
n'est autre chose qu'vn conte fait à poste : &
qui monstre bien la saincteté & la bonne
conscience qu'ils ont: mais il y a encore vne
fort plaisante Epistre du Pape Estienne à

propos de ceste fable: laquelle ie mettray icy par ce qu'elle vaut le lire, & qu'on peut iuger par là de la sottise & niaiserie de ce maistre imposteur. On la trouue dedans la Chronique de Rhegino, en son viuant moine de l'ordre S. Benoist, & Abbé de Prunay, tesmoin digne d'estre creu en telle matiere: sous l'annee 75;.& la teneur en est telle: E S T I E N N E Euesque, seruiteur des seruiteurs de Dieu. Ainsi comme nul ne se doit vanter de ses merites, ainsi ne doyuent les œuures de Dieu, qui se font en quelcũ par le moyen de ses saincts, sans ses merites, estre teuës & enseuelies sous silence, ains plus tost estre publiees, ainsi que l'Ange admoneste Tobie. Par ainsi moy contraint par l'oppression de la Saincte Eglise persecutee par Haistolphe Roy trescruel, blasphemateur, & indigne d'estre nommé, ie me retiray en France, vers le Roy treschrestiẽ & fidele seruiteur de sainct Pierre, le Roy Pepin là où ie fus malade iusques à la mort, & demeuray quelque temps pres de Paris en la venerable Abbaye du martyr sainct Denys. Et ainsi comme les medecins desesperoyent desia de ma vie, ie fus mis & posé en l'eglise dudit benoist Martyr au dessous des cloches, comme pour faire oraison: Et ie vi deuant l'autel monsieur S. Pierre & le maistre

des

des Gentils, monsieur S. Paul & les recognu
visiblement à leurs surpelis:& au mesme instant ie vi aussi à la main droite de S. Pierre,
monsieur S. Denys, qui estoit plus gresle &
plus long que les autres : Et lors se prit à dire le bon pasteur S. Pierre: Cestuy nostre fre
re demande santé:& S. Paul dit, Il sera maintenant guary, & s'approchant de monsieur
sainct Denys, luy mit la main sur l'estomac
fort amiablement, & S. Pierre, dit à sainct
Denys, d'vne face alaigre: Ta grace est
sa santé. Et sur le champ monsieur S. Denys
prenant vn encensoir & vne branche de pal-
me en sa main, s'en vint vers moy auec vn
prestre & vn diacre, qui estoyent là aupres,
& me dit : Paix te soit frere, ne crain point:
tu ne mourras point iusques à ce que tu sois
retourné en ton siege en bonne prosperité:
leue toy sain, & dedie cest autel icy en l'honneur de Dieu & des Apostres S. Pierre & S.
Paul, y celebrant messes d'actions de graces
& tout soudain ie recouuray ma santé:& vou
loye mettre à execution ce qui m'auoit esté
commandé : mais ceux qui estoyent là me
disoyent, que ie refuoye. Partant ie con-
tay au Roy de poinct en poinct commēt i'a-
uoye esté guary, & i'accomply tout ce qui
m'auoit esté presenté en visiō. Cecy aduint
l'an de l'incarnation du Seigneur 753. le 13.

iour du mois d'Aouſt, auquel eſtant fortifié
par la vertu de Ieſus Chriſt, entre la celebra
tion de la dedicace du ſuſdit autel, & l'obla-
tion du ſacrifice i'oigny & ſacray pour Roys
Pepin Roy de France, & ſes deux fils Charles & Caroloman. Il conſacra auſsi au nom
de Dieu, Berthe la femme de Pepin ornee
& paree des accouſtremens Royaux : & par
la benediction Apoſtolique il benit & ſan-
ctifia tous les Princes & Barons: en les obli-
geant & adiurant par l'autorité de S. Pierre
à luy donnee par Ieſus Chriſt, qu'ils ne pre-
ſumaſſent iamais, ny eux, ny les leurs apres
eux au temps à venir, d'eſtablir Roy ſur eux
d'autre race que de celle de Pepin.

¶ Du Coneſtable & des Pairs de France.

C H A P. XIIII.

Vtre l'Eſtat & dignité de Mai
ſtre du Palais, de laquelle
nous venons de parler, il y a-
uoit encore vn autre office à
la Cour, auquel il faut don-
ner lieu icy, à raiſon de ce que l'Eſtat de Mai
re venant à eſtre comme enſeuely & ſupplâ-
té, de la memoire de nos anceſtres, ceſtuy-
cy ſucceda en ſa place, comme il ſemble, &
eut

eut la vogue en son reng. C'estoit l'Estat des
Comtes de l'Estable, c'est à dire des superin
tendans de ceux qui auoyent charge de l'Escuyrie du Roy, qu'on appella depuis Come-
stables, & finablement Conestables par v-
ne corruption de langage. Or pour sçauoir
que c'estoit, faut entendre que ce mot de
Comte n'estoit pas vn titre de principauté,
comme il est auiourd'huy, mais qu'on nommoit ainsi tous ceux qui auoyent quelques
Estats aupres du Roy, & dont il se seruoit
tant pour le gouuernement des prouinces
que pour le fait de la iustice, & estoyēt ainsi
appellez à raison de ce que, par maniere de
dire, ils secondoyent & aidoyent le Roy, cha
cun en son endroict à soustenir le faix de
l'administration publique. Et semble bien
que les anciens n'ont point refuy ceste coustume & forme de parler : car mesme Ciceron en plusieurs endroicts appelle presque
en ce sens-la le Philosophe Callisthenes
Comte d'Alexandre le Grand, pource qu'il
estoit ordinairement à sa suite & aupres de
sa personne. Quant au Comte d'Estable, il
auoit presque vn mesme office que celuy
que les Romains appelloyent le Chef ou ge
neral de la Cheualerie : car il auoit la superintendance sur les compagnies des gens de
cheual : & sur ceux qui auoyent la charge des

cheuaux du Roy, que nous appellons communement Escuyers. Il est fait mention de
ces Comtes d'Estable dedans Gregoire de
Tours, au chap.39. du 5. liure. Le Thresorier
dit-il, de Clouis, fut repris par Cupanes Cô
te d'Estable qui le ramena de Bourges, &
l'enuoya lié & garotté à la Royne. Et au ch.
47. où il parle d'vn Leudaste: Elle le recueil-
lant volontiers, dit-il, le retint à son seruice,
& luy donna l'Estat, de la charge de son Escuyrie. Depuis estant surpris de vanité.&
d'arrogance, il brigua l'office de Comte des
Estables:mais dés qu'il en fut prouueu, il ne
tint plus conte, de personne au prix de soy.
Par où il apperr que la charge de l'Escuyrie
estoit vn estat honorable,mais que la comté
des Estables estoit vn office de plus haute
dignité. Ce que nous pouuóns aussi retirer
d'Aimoin. au cha.43. du liu.3. où il parle de
ce mesme Leudaste: Apres qu'il se fut in-
sinué en la familiarité de la Royne, il fut
prouueu de l'Estat de grand Escuyer. Depuis ayant tant fait par ses menees qu'il eut
l'estat de la Comté des Estables & superintendance sur tous les autres Escuyers, apres
la mort de la Royne, il obtint encore de
Cherebert la Comté de Tours. Et au ch.70.
Leudegisile, dit-il, superintendant sur l'Es-
cuyerie du Roy, qu'on appelle communément

ment, Conestable, & à qui le Roy auoit
donné la conduite de l entreprise de ce voya
ge, commanda qu'on menast les engins de
baterie Et au chap.95.du 4.liu.où il parle de
Charlemaigne.Et au mesme an,dit-il, il enuoya Burchard le Comte de son Estable en
l'isle de Corse auec vne flotte de nauires.Et
Rhegino parlant de cela mesme, au li.2.La
mesme annee, dit-il, il depescha en l'isle de
Corse Burchard le Comte de son Estable,
que nous appellons par vn terme corrompu, Conestable.Celuy qui a continué l'histoire de Greg. de Tours l'appelle Conestable au liu.11.Brunechilde,dit-il, fut ame-
nee par le Conestable Erporres. Albert
Crantz au 5. li. de l'histoi. de Suet.chap.41,
ose affermer que l'estat de Conestable est
celuy-la mesmes que les Alemans appellent Mareschal : Ils elisent, dit-il, vn Gouuerneur des plus suffisans au fait de la guerre,qui a l'autorité de conuoquer les assemblees generales du Royaume, & de depescher tous affaires comme vn Prince souue-
rain:Les nostres l'appellent Mareschal : les
François Conestable. Voila quel en est
son aduis en quoy il pourroit bié auoir quel
que raison probable & apparente : mesme-
mét à cause qu il ne se trouue aucune métió
des Mareschaux entre les premiers & vieux

eſtats de Frãce: de ſorte qu'il eſt bié croyable
qu'il fut introduit de l'muention des derniers Roys, priſe ſur la couſtume & police
des Alemans. Mais quant à l'eſtat du Conte d'Eſtable, ie ne ſay point de doute qu'il
ne fuſt de l'inſtitution des Empereurs Romains: combien que ie ne penſe pas qu'il
fuſt paruenu à telle grandeur, comme il a
fait depuis, eſtant creu de ſi petis commen-
cemens iuſques à attaindre à la dignité de
Superintendant ſur la maiſon & l'eſtat du
Roy, ou ſon lieutenãt general pour les guerres. Car pour lors c'eſtoit bien peu de choſe & pouuoit valoir autant qu'vn Eſtat de
Tribun militaire, c'eſt à dire de Capitaine
de quelques compagnies de gens de pied:
ainſi comme on peut retirer du 26. liu. d'Am
mianus, où il parle de l'Empereur Valentinian: Eſtant entré en Nicomedie, dit il, il
donna à ſon frere Valens la ſuperintendan-
ce de ſon Eſcuyrie auec l'eſtat de Tribun. Il
eſt fait mẽtion de ceſt eſtat-la dedans le Co
de de Iuſtinian (l. 1. Cod. de comitibus & tri-
bunis ſchol.) où il leur eſt ottroyé pour vn
grand honneur & priuilege ſpecial qu'ils aſ-
ſiſteront aux repas de l'Empereur, comme
Capitaines des gardes & ferõt la reuerence
à ſa robbe de pourpre. Et au Cod. Theod.
de annon. & tribut. l. 3. & l. perpenſa 29. Cod.
Theo

Theo.de equor.coll.&.l.1.Cod.Theo.qui à
præbi.tyro.où le droict leur eſt dóné de le-
uer & d'exiger fromét, vin & fourrages pour
gens de guerre, ſur les ſuiets des prouinces
Romaines qui contribuoyét des cheuaux de
ſeruice pour l'vſage de l'Empereur. Il reſte
maintenant que nous parlions auſsi de l'ordre & dignité de ceux qu'on appelle commu
nément(Pairs de France) cóbien qu'en cecy
nous auons plus grand beſoin d'inſtruſtiós
& memoires antiques qui nous en deſcou-
urét au vray l'origine que nó pas de courage
& de bóne volonté. Car entre tant de liures
qui s'appellent les Annales & Chroniques
de France, il ny en a pas vn ſeul qui nous dó-
ne quelques enſeignemens & adreſſe que
nous puiſsions raiſonnablement ſuyure,
pour ſçauoir comment a eſté introduite ceſte police des douze Pairs. Car quant à ce
que Gaguin & Paul Aemyle, pluſtoſt hiſto-
rien des Papes que des François, & autres
vulgaires eſcriuains tienent que ceſt ordre
fut inſtitué ou par Pepin, ou par Charlemaigne, ils s'abuſent lourdement. Et n'en
faut autre preuue, que celle-cy, que de
tout tant d'hiſtoriens Alemans, qui ont eſcrit du temps de ces Roys-la, ou vn peu a-
pres, il ne s'en trouue pas vn qui face mention quelle quelle ſoit, de ceſt eſtat icy.

Qui plus eft, il n'en eft touché en façon
quelconques en toute l'hiftoire d'Aimoin,
qui a efcrit de la police & des geftes des
François iufques au temps du Roy Loys le
Debonnaire, ny en la fuyte qui y eft adiou-
ftee, & fe continue iufques au regne du Roy
Loys le Ieune vingt & vniefme Roy de Frãce. Et pourtant, attendant que quelcun
mette en auant vne refolution plus certaine, ie me tiendray cependant à l'opinon de
Geruais Tilesbery, lequel, ainfi comme
Gaguin tefmoigne, au liure des vacations
Imperiales qu'il a adreffé à l'Empereur Otton quatriefme, a laiffé par efcrit, que l'v-
fage en fut introduit par le Roy Artus de
Bretaigne, qui eut domination quelques
annees durant, en vne partie de la Gaule.
Et croy que l'occafion & la raifon qui en
produifit l'inuention, fut : Afcauoir, que
tout ainfi comme en matiere feodale, on ap
pelle Pairs de la Cour, ceux qui font compaignons beneficiers & conuaffaux, & qui
tienent & releuent d'vn mefme Seigneur &
patron leurs fiefs & terres beneficiales : &
à raifon de ce luy promettent tout deuoir
de recognoiffance & de fidelité : ainfi aufli
comme il eft bien croyable, que le Roy Artus eftant nouueau poffeffeur de ce Royaume qu'il auoit occupé, choifit douze de fes
princi

principaux : & diuifant le Royaume en prouinces & gouuernemens, leur afsigna à chacun le fien : afin qu'ils luy en demeuraffent
obligez , & luy donnaffent confort & aide de puiffance & de confeil pour le gouuerner. Il y en a d'autres qui eftiment qu'ils
ont efté appellez Pares, c'eft à dire Pairs
de France , à raifon de ce qu'ils eftoyent
pareils aux Roys : mais il femble que c'eft
la vn aduis trefmal digeré , attendu qu'il ne
faut pas rapporter celle parité ou pareille
puiffance, dont ils peuuent prendre leur
nom, à la dignité Royale pour les affortir a-
uec les Roys, mais à l'autorité qui eft com
mune & egalement departie entre eux , &
auffi grande en l'vn comme en l'autre. Or
voicy quels furent leurs noms : les Ducs de
Bourgongne, de Normandie, & de Guien
ne : les Comtes de Flandre, de Thoulou-
fe , & de Champaigne : Les Archeuefques
de Rheims, de Laon, & de Langres : Les
Euefques de Beauuais, de Noyon, & de
Chaalons. Et tout ainfi comme entre les
Pairs de la Cour (qu'on appelle) par droic
& priuilege de fief, vn pretendant ny peut
point eftre receu, finon qu'il foit approuué
& cleu par toute la compagnie des confre-
res : ny auffi en eftre caffé ou demis que fa
caufe n'ait efté cognue & iugee par fes fre-

res & compagnons, ny ne peuuent ces Pairs-
là estre contraints de respondre deuant autres iuges ; que deuant leurs compaignons:
au cas pareil ceux cy ne peuuent estre iugez
que par leurs autres freres & Pairs, ny estre
receus ou ostez que par l'autorité de tout le
College. Et combien que cest ordre-là fut
premierement introduit par vn Roy estranger : toutefois il est bien vray-semblable
que les Roys de France apres auoir recouuré le pays & chassé l'Anglois, le trouuerent assez commode pour leurs affaires &
en voulurent retenir l'vsage. Mais au reste
ie ne trouue point que cest estat & nom de
Pairs se soit representé plustost que au sa-
cre du Roy Philippe le Bel : & y en a qui asseurent aussi que ce fut luy-mesme qui crea
six Pairs Ecclesiastiques. Mr Guillaume Budé personnage excellent, & en scauoir des
premiers hommes de nostre aage, impose
à ces Pairs icy, le nom de Patriciens, & dit
qu'il a opinion qu'ils furent premierement
establis par quelque Roy du nombre de
ceux qui tindrent l'Empire d'Alemaigne,
& furent ainsi nommez à raison de ce que
Iustinian dit que l'Empereur les elisoit pour
estre peres, & comme patrons & tuteurs
de la chose publique. Quant à moy ie ne
veux point reletter l'aduis de ce grand per-
sonna

sonnage-la : attendu mesmemēt qu'il ne conuient pas mal à la dignité des Pairs. Car de
fait sous les derniers Empereurs Romains
il y eut vne dignité de Patrice, qui n'estoit
pas fort differente de celle des Pairs : partie à
cause que ces Patriciés estoyent tenus cōme
Peres & protecteurs de la chose chose publique, cōme testifie Suidas : partie d'autant
qu'ils estoyent fort honorez & fauorisez de
l'Empereur, iusques à leur demander aduis
sur les plus grans affaires d'Estat : & au reste
portoyent les mesmes enseignes & marques
de dignité que les Cōsuls, hors mis que leur
Estat & authorité estoit vn peu moindre
que le Cōsulat, & aussi plus grande que celle
des Superintendans, ou gouuerneurs du Palais On peut retirer certaine cognoissance
de cecy, des Nouelles de Iustinian, de Sidonius Apollinaris, de Claudian, mais principalement des Epistres de Cassiodore.
Mais si ne puis ie penser que depuis que le
nom & autorité de l'Empire fut transpor-
té aux Alemans, l'vsage de cest Estat se soit
gardé ne pratiqué en France. Et si n'est pas
vray-semblable, si quelque Empereur d'A-
lemaigne qui eust aussi esté Roy de France,
eust deferé cest hōneur de Patricien, à quelques vns, qu'il ne se fust trouué quelcun des
historiens d'Alemaigne, qui l'eust bien peu

scauoir & n'euft pas oublié de le laiffer à la
pofterité. Finablement Budé mefmes ne fa-
chant comment fe depeftrer d'vne matiere
fi enueloppee, dit au mefme endroit, que ce
mefme ordre de Pairs fe prattiquoit auffi
entre nos voifins:& allegue quelques anciés
regiftres de la Cour, où il fe trouue par efcrit de l'an 1224. qu'vn certain Iean Nigel-
lan, Flamand, qui auoit vn proces en Flandre, appella de la Conteffe de Flandre par
deuant les Pairs de France : faifant ferment
que s'il plaidoit fa caufe deuant les Pairs de
Flandre, il ne pourroit auoir raifon de fa
partie qui eftoit trop forte pour luy : & la
Conteffe voulant faire euoquer le iugement
du proces deuant les Pairs de Flandre, il fut
ordôné que la caufe fe plaideroit deuant les
Pairs de France. Mais quant à la raifon, pour
quoy ce iugement fut ainfi tranfporté & remis de Flandre en France, Budé n'en declare rien:& s'il y en euft eu quelqu'vne ie croy
que luy qui eftoit bien verfé au droict des
matieres feodales, ne l'euft pas omife. Mais
à tant eft-ce fuffifamment parlé de cecy:& eft temps que nous reue-
nions au principal pro-
pos de noftre
matiere.

¶Com

¶ Comment l'autorité sacree & inuiolable de l'Assemblee des Estats, fut
maintenue & continuee sous le regne des descendans de Charlemaigne.

CHAP. XV.

APres auoir suffisamment declaré quelle fut la forme de nostre
anciene police, & la grande autorité qu'eut le Parlement general de nos Estats de France sous le regne
des Merouingiens, c'est à dire des descendans de Merouee : il faut consequemment
que nous exposions quel gouuernement il
y eut sous celuy des Carlouingiens, c'est à
dire des Roys de la posterité de Charlemaigne. Or autant que nous pouuons iuger
& retirer de toutes les histoires de France
& d'Alemaigne, qui font mention de l'Estat
de France, le mesme honneur & la mesme
autorité fut gardee aux Estats, comme elle estoit au parauant, de sorte que le souuerain iugement & la decision de tous affaires n'estoit point en la disposition de Pepin, ou de Charles, ou de Loys, mais to-
talement en la puissance de la Maiesté Roya
le : laquelle Maiesté auoit proprement &

lz 4

vrayement son siege en l'assemblee solennelle des Estats, ainsi que nous auons deduit cy dessus. On peut tirer certaine instruction de cecy, premierement du liure d'Eguinard, desia souuent allegué : où discourant ce qui aduint apres la mort de Pepin, il en parle ainsi : Les François, dit-il, ayant fait solennellement assembler la congregation generale des Estats eleurent ses deux fils Roys, à telle charge & condition, qu'ils diuiseroyent tout le corps du Royaume en deux portions egales : & que Charles gouuerneroit celle partie que leur pere Pepin auoit tenue : & Caroloman l'autre de laquelle leur oncle auoit l'administration, &c. Par où il est assez euidemment donné à cognoistre, que toute la mesme autorité qu'auoyent euë les Estats du Royaume sous le regne des Merouingiens, presque l'espace de trois cens ans, ils la retindrent encore depuis que la posterité de Merouee fut esteincte, de sorte que combien que le Roy laissast des hoirs masles apres luy, toutesfois ils n'estoyent point tant inuestis du Royaume par droict de succession hereditaire, comme par l'aduis & volonté des Estats. Outre cela encore les autres matieres plus hautes & affaires d'estat, ne se vuidoyent point autrement
ment

ment que par les estats, ainsi qu'Aimoin
tesmoigne au septante & vniesme chapitre,
du quatrieme liure, où il parle de la guerre des Saxons. Le Roy, dit-il, sur le temps
nouueau, s'en alla à Noyon, pour s'ache-
miner de là en Saxe, auec vne grosse armee, & tenir assemblee generale de son
peuple à Padebrune. Et au chapitre septante & septiesme, Quand l'hyuer fut passé, il tint assemblee generale de son peuple à l'accoustumee à Padebrune. Et au
chapitre septante & neufiesme. Et ayant
trouué sa femme à Vvormes, il delibera y tenir assemblee des Estats. Ausquels passages
il parle continuellement de Charlemaigne,
lequel combien qu'il eust conquis presque
l'Empire entier de toute l'Europe par ses
grans faits d'armes, & heureuses victoires,
& se fust acquis de là le surnom de Grad, toutesfois iamais il ne osta aux François leur
premier priuilege & anciene liberté : ny ne
s'essaya iamais d'entreprendre chose d'importance sans l'auis du Peuple, & sans l'autorité des personnages notables de son Royaume. Apres le deces de Charlemaigne,
c'est bien vne chose certaine, que son fils
Loys administra le Royaume tout de la
mesme sorte, & en la mesme condition que
son pere : ainsi que l'auteur de la suyte de l'hi

ſtoire d'Aim. le raconte. Aprés la mort de
Charles (dit l'hiſt.) l'Empereur Loys auoit
donné aſſignation au peuple, pour ſe trouuer à l'aſſemblee generale, au lieu de Theo-
tuade, comme par quelque preſage & ſigni-
fication de l'aduenir. Et au chap. 38. où il fait
mention de l'accord de paix, fait entre le
Roy Loys & Loys ſon couſin : Ils firent aſſembler vn Parlement general (dit-il) & en
ce Parlement ils accorderent entre eux, de
garder les choſes qui s'enſuyuent, du conſentement de leurs feaux amis & côſeillers.
&c. Et au cha. 41. où il parle de Caroloman
fils de Loys le Begue: Et en ceſte ſorte, dit-
il, il ſe departit d'auec les Normans pour
s'en retourner à Vvormes, où il deuoit tenir
ſa diette generale, au premier de Nouemb.
Et au chap. ſuyuant, où il parle de Charles
le Simple. Les principaux de France, dit-il,
voyans que ſon aage n'eſtoit pas capable
d'adminiſtration, tindrent conſeil d'affaires
de grande conſequence. Mais d'amaſſer icy
tous les teſmoignages qui en parlent, outre
ce que ce ſeroit vne grâde ſimpleſſe à moy,
d'entreprendre vne choſe infinie, cela ſeroit
meſme, ie croy, vn labeur preſque inutile.
Car il eſt deſia aſſez aiſé à ceux qui en vou-
dront prendre la peine de recueillir de ceux
que nous auons produits, que la cognoiſſan
ce, le

ce, le iugement & la decision finale des affaires, concernãs l'estat politique & vniuersel
de ce Royaume, appartenoit à la congregation generale du peuple,& (côme nous par-
lons auiourdhuy) à l'assemblee des estats: &
luy demeura ce droit en son entier, iusques
au Regne de Charles le Simple, c'est à dire,
plus de cinq cens & cinquante ans durant:&
que par l'espace & reuolution de tant de sie
cles, celle anciene police de nos ancestres
fut tenue, non seulement comme venerable,
mais cómme inuiolable & sacree. Ce qui
me fait esmerueiller grandement, du iuge-
mẽt de quelques modernes, qui n'ont point
eu honte de mettre en leurs liures, que l'hõ
neur de ceste introduction d'assemblee d'e-
stats est deu au Roy Pepin, comme s'il en a-
uoit esté le premier auteur : car tout à l'op-
posite, Eguinard Chancelier de Charlemai
gne, nous certifie si euidemment que rien
plus, que c'estoit vne coustume & police ordinaire, qu'obseruoyent ceux de la maison
de Merouee, de tenir tous les ans au premier
iour de May, assemblee generale de leur peu
ple, & de se faire mener à celle assemblee sur
vn chariot trainé par des bœufs. Mais afin
que ce discours ne soit point fondé sur exem
ples seulement, ains sur raisons fermes & so
lides, contéplons derechef en cecy, de com-

bien la fageffe de nos anceftres , exceda celle d'auiourdhuy:& comment ils monftreret
qu'il y auoit bien grande difference entre
le Roy & le Royaume. Car en effet, voicy
ce qui en eft à la verité. Le Roy,combien
qu'il foit Prince & Seigneur , toutefois il
n'eft qu'vne perfonne feule & finguliere
quant à luy. Mais le Royaume,c'eft la com
munauté vniuerfelle de tous les citoyens &
fuiets,qui y font compris:& eft cefte mefme
diftinction foigneufement obferuee entre
les Iurifcofultes. Car voicy comme Vlpian
definit celuy , qui eft coulpable du crime
de Perduellion,à fcauoir,que c'eft celuy,qui
a pris vn courage & volonté d'ennemy, à
l'encontre de la chofe publique , ou à l'encontre du Prince. Et dedans les ordonnances de Saxe au 3 tit.Celuy qui aura confpiré
ou fait quelque menee à l'encontre du Royaume ou à l'encontre du Roy, qu'il foit pu-
ny de mort. Dauantage,ce font chofes rela-
tiues & neceffairement enchainees l'vne a-
uec l'autre,par vn refpect mutuel & obligation reciproque, que le Roy & fon Royau-
me:comme le pere de famille , & la famille
qui depend de luy : le tuteur & fon pupille:
vn curateur,& celuy qu'il a en charge:vn pilote de nauire,& les paffagers qu'il mene en
fon vaiffeau : vn Capitaine , & fon armee.
                                    Partant,

Partant, ainſi comme le pupille n'eſt pas inſtitué à cauſe du tuteur : ny le vaiſſeau pour le pilote, ny l'armée pour le Capitaine : mais au contraire le tuteur eſt ordonné pour le pupille ; & ainſi ſemblablement le pere, le pilote, le Capitaine, pour ceux qui leur ſont cõmis en charge : auſsi en cas pareil, le peuple n'eſt point fait & aſſujetty à cauſe du Roy, mais pluſtoſt le Roy eſt eſtably pour le regard du peuple. Car le peuple peut bien conſiſter ſans Roy, comme celuy qui eſt gouuerné ſous vn eſtat compoſé des plus gens de bien & d'apparence, ou comme celuy qui ſe gouuerne ſoy-meſme. Mais on ne ſçauroit trouuer, non pas meſme imaginer vn Roy, qui puiſſe ſubſiſter ſans peuple. Voila deſia vne difference, qui eſt entre le Roy & le Royaume : venons maintenant aux autres. Le Roy eſt mortel, auſsi bien que le moindre de ſes ſujets. Mais la Royauté eſt perpetuelle, & meſmes immortelle, s'il faut dire ainſi, comme les Iuriſconſultes, quand ils parlent des colleges & des Vniuerſitez. Le Roy peut eſtre fortrait de ſon ſens, & perdre l'entendement, ainſi comme il aduint à noſtre Roy Charles v i, qui dõna ſon Royaume aux Anglois : comme de fait, il n'y a gens plus aiſez à eſtre tranſportez d'entendement, ne qui laiſſent pluſtoſt abbatre

& fupplanter leur raifon & iugement aux
attraits des voluptez que ceux-là. Mais le
Roy aume à fa fageffe propre & particuliere
certaine & bien affeuree, refidente au côfeil
de fes anciens, & perfonnages d'honneur,
qui ont la dexterité de gouuerner iointe a-
uec la maturité de l'entendement, & le fcauoir meflé auec l'experience & fageffe;com
me en ceux qui reprefentent le chef & la tefte de toute la chofe publique. Le Roy peut
eftre vaincu en vne bataille, & en moins d'v
ne iournee eftre pris & emmené prifonnier
par l'ennemy victorieux, hors des limites
de fon Royaume:ainfi comme il aduint aux
Roys Sainct Loys, Ian & Frãçois premier.
Le Royaume deftitué de fon Roy,demeure
neatmoins en fon entier: mais aufsi toft que
la nouuelle eft venue d'vne fi grande perte
& calamité; on fait fignifier l'affemblee des
Eftats: les principaux perfonnages du Roy-
aumè s'affemblent en confeil, pour cercher
quelque remede aux prefentes calamitez:
ainfi qu'il fut pratiqué formellement en ces
cas-là. Il peut auenir, qu'vn ieune Roy mal
nourry,ne fe lairra pas feulémêt corrompre
& gafter, foit par faute d'experience, foit
par legereté volage de fon naturel,par deux
ou trois de fon côfeil,qui fe feront infinuez
en fa grace,& qui au demeurant,feront gens
vicieux,

vicieux, auaricieux, & prenãs à toutes mains
fous fon autorité, ou par quelques icunes mi
gnons dé Cour, qui ne cerchent autre chofe, qu'à l'entretenir en amour, voluptez, &
autres vicieux paffe-temps : mais mefmes il
fe peut faire, qu'vne femme le tiendra fi biẽ
fous fa main, qu'il ne fera pas maiftre de foy
mefme, mais qu'il en fera fi fol & fi abefty,
qu'il luy lairra entre fes mains l'adminiftration des principaux affaires du Royaume:
dequoy les exemples font fi frequens aux hi
ftoires, que nul ne peut douter, qu'il ne puif
fe bien encore aduenir. Mais le Royaume
eft appuyé fur la fageffe & fur le confeil de
fes anciẽs & fages Gouuerneurs. Salomon,
quoy qu'il fuft vn vray patrõ de fageffe, fut
toutefois gafté par des femmes en fon extre
me vieilleffe: Roboam par des ieunes gens:
Ninus par fa mere Semiramis : Ptolemæe,
furnommé Auletes, c'eft à dire, le flufteur,
par des farceurs, & ioueurs de fluftes & de
cithres. Nos anceftres n'õt point empefché
nos Roys d'auoir leur confeil priué: mais ils
n'ont point voulu auffi que ceux, qui feroyẽt
du corps d'iceluy, s'empefchaffent d'autre
chofe que de manier & gouuerner les particuliers affaires du Roy. Mais quant à l'adminiftration de l'Eftat vniuerfel du Royaume, ils auoyent leur Senat, c'eft à dire, vn

conſeil general, compoſé de Seigneurs &
autres perſonnes notables de toute ſorte &
qualité, qui deliberoyent des affaires par
commun aduis; & meſmes remonſtroyent
librement au Roy quand il en eſtoit beſoin
ce qui eſtoit le meilleur pour la police de
ſon Royaume. L'an 1356. Lors que le Roy
Ian fut pris par les Anglois, & emmené en
Angleterre, il ſe tint vn tel Conſiſtoire &
Parlement general du Royaume, auquel ſe
trouuerent auſſi quelques Conſeillers du
Conſeil priué du Roy : mais il leur fut en-
ioint de ſortir de la chambre des Eſtats, &
denoncé que s'ils pourſuyuoyent à y venir,
que les deputez des eſtats, ne s'aſſemble-
royent plus : & de cecy le teſmoignage s'en
trouue en la grande Chronique eſcrite en
François au volu. 2. où il eſt parlé du Roy
Ian fueil. 169. Mais il n'y a iamais preſque
eu nation, ny n'a iamais eſté temps, où lon
ne remarquaſt ceſte difference, qui eſt entre
le Roy & le Royaume. Les Roys des Lace-
dæmoniés (ainſi que teſmoigne Xenophon)
& les Ephores iuroyent reciproquement
les vns aux autres tous les moys: Les Roys,
de regner ſelon le contenu & l'ordonna n-
ée des loix. Les Ephores, qu'ils maintien-
droyent l'autorité Royale, ſi les Roys gar-
doyent leur ſerment. Ciceron eſcriuant à

Brutus

Brutus en parle diſtincteinent comme de
choſes diuerſes, Tu ſcais bien, dit-il, que i'ay
touſiours eſté d'aduis, qu'il falloit deliurer
la Repub. non ſeulement de Roy, mais auſſi
de la Royauté. Et le meſme auteur au 3. liu.
de leg. Mais pourautant que l'eſtat Royal &
l'eſpece de gouuernement politic, où la puiſ
ſance ſouueraine eſt à vn ſeul, a autrefois e-
ſté receue icy, & depuis abolie, non tāt pour
la faute de la Royauté, qu'à cauſe des vices du Roy, il ſemble bien, qu'il n'y a eu autre choſe reiettee, que le nom de Roy ſeulement.

¶ De la maiſon des deſcendans de Hu-
    gues Capet, & comment le Royau-
    me de France fut tranſporté en i-
    celle.

C H A P. XVI.

L a eſté monſtré cy deſſus, que
le Royaume de France n'a eſté
encore gouuerné, que par trois
diuerſes races, l'eſpace de mille
deux cens ans qu'il a deſia duré: dont la premiere fut celle des Merouingicns, l'autre
celle des Caroloningiens, qui ont eſté ainſi
nōmcz du nom des Chefs & premiers au-

teurs d'où elles, ont pris leur origine. Car cõ
bien que la fucceſſiõ du Royaume ne ſe trãſ
feraſt point par droit de heritaige des peres
aux enfans (ainſi cõme nous l'auõs monſtré)
mais par l'election & approbatiõ des eſtats:
toutefois les François retenoyent volõtiers
en cela, l'anciene police d'Alemaigne, d'où
ils eſtoyent partis, qui eſtoit (ainſi comme
parle Tacitus) de choiſir les Roys, pour
leur nobleſſe, & les Capitaines pour leur
vertu & vaillance: & eliſoyent Roys pour la
plus part, ceux qui eſtoyent iſſus du ſang
Royal, & qui auoyent eſté royalement
nourris & inſtituez, ſoit qu'ils fuſſent enfans legitimes des Roys decedez, ou bien
qu'ils leur tinſſent ſeulement de parentage.
Mais l'an 987. apres le decés de Loys V.
31. Roy de Frãce, & le douzieme de la poſte
rité de Charlemaigne, ſuruint changement
de regne, & tomba la Couronne en vne autre maiſon. Car combien qu'il y euſt encore lors vn Charles Duc de Lorraine, qui
eſtoit oncle du feu Roy, auquel ſuyuant la
police de France, la ſucceſſion de la Couronne deuoit appartenir, comme à l'hoir
legitime & le plus prochain, deſcendant de
Charlemaigne: toutefois il s'eleua vn Hugues Capet fils de Hugues le Grand, Comte de Paris, petit fils de l'Empereur Oto-
ton

i

con premier par sa sœur Hauuide, homme de grande reputation au fait des armes, lequel remonstra, qu'on deuoit pté-ferer en toutes sortes, celuy qui estoit pré-sent à vn absent : & celuy qui auoit fait plusieurs bons seruices pour le bien & conseruation du Royaume à vn estranger, comme il appelloit Charles. Car de fait en quelques differens qu'il y auoit eu à de-mesler entre l'Empire d'Alemaigne, & le Royaume de France, ce Charles s'estoit monstré plus enclin & plus affectionné au party de l'Empire, que vers celuy de Fran-ce: à raison dequoy, il en auoit acquis la hai-ne & la mal-vueillance de la plus part de la Noblesse de France. Mais cela estoit ad-uenu au parauant. Parquoy Charles ayant mis ses forces ensemble, se ietta dedans la France, & prit quelques villes par com-position. De l'autre costé, Capet qui s'ap-puyoit sur la faueur & le port, que luy fai-soyent les Princes & les Nobles de France, luy alla au deuant, iusques vers la ville de Laon, qui est sur les limites de Champai-gne, en intétion de le combatre. Si y eut vne aspre & sanglante bataille donnée, laquelle Capet perdit, & s'estant retiré auec le reste de ses gés au dedans de la France, cómença à r'assembler & ramasser nouuelle armée.

Charles cependant, pensant auoir du tout
rompu son ennemy, auoit cassé son armee,
& seiournoit en la ville de Laon auec sa fem
me. Mais l'annee ensuyuante Capet ayant
auec luy presque toutes les forces du Royaume alla mettre le siege deuãt la ville: & la
prit par trahison. Car ayant trouué moyen
de parlementer auec l'Euesque de Laon
nommé Anselme, qu'on nomme communement Anselin, fit si bien qu'il le gaigna,
& fit tourner la volonté de cest hôme merce
naire sous esperãce des presens, qu'il luy pro
mettroit, moyenant qu'il luy deliuraft entre
ses mains la ville & le Roy Charles. La ville
ayant esté ainsi surprise, & le Roy trahy par
les menees de l'Euesque, Capet enuoya
Charles auec sa femme à Orleans, ordõnãt
vne bonne compagnie de soldats pour les
garder. Charles ayant esté là deux ans en pri
son, eut deux fils de sa femme, Loys & Char
les: mais il ne se passa gueres de temps, que
le pere & les enfans ne mourussent. Au
moyen dequoy Hugues Capet, n'y ayant
plus personne qui contestaft à l'encontre
de luy, se saisit sans côtredit de tout le Royaume de France: & fit couronner quand &
luy sõ fils Robert, & le declarer son heritier
& successeur au Royaume. Ainsi lors prit
fin la dignité & la memoire des descendans
de

de Charlemaigne, enuiron deux cens trente
sept ans, apres que le Royaume fut estably
en ceste maison-là. L'histoire de ceste
tragœdie se treuue dedans Sigebert en la
Chron. de l'an 987. Et en la suyte de l'histoire d'Aimoin au 5 liure chap. 45. Mais il
ne faut point oublier sur ce propos la ruse
& subtile inuention de Capet, qu'il dressa
pour asseurer & donner pied ferme au Royaume, qu'il auoit nouuellemét occupé. Car
au lieu que les Seigneuries & Principautez
du Royaume.qu'õ appelle Duchez & Com
tez, estoyét de terees à certains personnages
bien cognus & approuuez, pour les tenir en
titre de fiefs & benefices téporels seulemét
(ainsi qu'il a esté déclaré au lieu où nous a-
uons parlé de l'autorité du Concile general
des Estats) Hugues Capet, pour gaigner &
retenir les cœurs des Princes & Seigneurs
de son Royaume en son obeissance, chágea
ces Gouuernemés, qui n'estoyent que tépo
rels, en Principautez & Seigneuries perpetuelles: & ordóna, que ceux qui les tenoyét,
les possedassent desormais en titre de patrimoine, & les peussent transporter par leurs
deces à leurs enfans & à leur posterité par
droit successif aussi bien comme le reste de
leurs biens & possessions: ainsi que le tesmoigne François Connan Iuriscon. au cha.

I 3

9.du 2.de ſes Commen.En quoy faiſant Ca
pet rongna beaucoup de la puiſſance & autorité du Concile general des Eſtats : combien qu'au demeurant, il n'eſt pas raiſonna-
blé de croire, qu'il en ait rien peu diminuer
de ſa propre autorité, & ſans le conſentement d'iceux eſtats: ainſi qu'il eſt aiſé de cognoiſtre, à qui conſiderera de pres l'eſtat &
l'vſange de ces temps-là.

¶ Comment l'autorité du Concile general des Eſtats fut continuee ſous le
regne des deſcendans de Hugues
Capet.

CHAP. XVII.

AR l'hôneur & l'autorité du
Concile general des Eſtats,
ne fut de rien moindre ſous le
regne de la poſterité de Capet, qu'elle auoit eſté ſous les
autres deux races, qui auoyent regné aupara
uant: ainſi comme nous en pouuons retirer
certain teſmoignage de Froſſ. Monſtrellet,
Gaguin, Comines, Gilles & autres hiſtoriés
François.Mais pourautât que ce ſeroit choſe trop penible & preſque infinie, que d'aſſembler toutes les autoritez qui s'y treuuët:
nous choiſirons ſeulement les paſſages les
plus

plus formels & qui sont les mieux à propos,
& les mettrons icy côme par forme d'exem
ple. Le premier exemple se peut prendre de
l'an 1328. auquel temps, apres le deces du
Roy Charles le Bel, qui mourut sans laisser
aucuns enfans, mais seulement sa femme
enceinte, Edouard Roy d'Angleterre, qui
estoit fils d'Isabel seur du feu Roy, pretendoit la Couronne de France luy appartenir
par droit de succession : ayant pour partie
Philippes de Valois cousin germain du feu
Roy. Et commença le debat entre ces deux
Princes sur le gouuernement du ventre, qui
appartient au plus prochain. Pendant le debat, la Royne accoucha d'vne fille, ce qui
fut cause, que leur different s'eschauffa encore d'auantage, à raison qu'au lieu qu'il
n'y auoit que le gouuernement qui fust contentieux, le suiet de leur differét vint à estre
le Royaume, pretendu par chacun d'eux. Finablement pour mettre fin à ce different,
toutes les deux parties se soumirent à l'arbi
trage des Estats. Qui est vn argument suffisant, pour côclurre, que l'autorité du Con
cile des Estats, est plus grande que celle du
Roy, puis que ces deux Roys s'assuiettirent
au iugement d'iceluy : ce qui est asseuré, non
seulemét par nos histori. mais aussi par Po.
Vergil. historié Ang. au 9. li. de sô Hist. Qui

I 4

plus est Papon mesme au 1. cha. du 4. liu. des
Arests a escrit, se tenant asseuré (comme ie
croy) de bons auteurs, que tous les deux
Roys se preseterét esdits Estats, & propose
rent chacun son fait. Ayás dopques esté assemblez les estats generaux du Royaume, &
parties ouyes, fut par lesdits estats pronócé
Arest seló l'auis recueilly de la pluralité des
voix, par lequel fut adiugé le Royaume de
Fráce à Philip. de Valois cóme au plus proche hoir masle du feu Roy. Ceste histoire
est deduite au long dans Froissard vol. 1. ch.
22. Papon au 1. ch. du 4. liu. des Arests art. 2,
Gaguin en la vie de Phil. de Valois. Le second exéple se trouue aduenu l'an 1356 lors
que le Roy Ian fut pris aupres de Poictiers
par les Anglois, & emmené en Angleterre,
Il n'y auoit lors, apres auoir receu vne si notable perte, autre esperance de ressourcs,
qu'en l'autorité & concorde des Estats. Au
moyen dequoy ils furét incótinent signifiez
& connoquez à Paris : & cóbien que le Roy
eust trois fils, Charles, Loys & Ian, dót l'aisné estoit desia en aage suffisant & capable
d'administratió, toutefois il en fut eleu d'autres, & furent deputez douze de chasque
Estat, personnages de bó entendemét & vertueux, ausquels fut commise l'administratió
des affaires du Royaume, & ambassadeurs
depeschez

depeschez en Angleterre auec commission
de traiter paix auec l'Anglois par l'autorité
des Estats, tesmoins Froissard vol.1. chapi.
170. Iean Buchet au 4. liu. fueil. 118. N. Gilles
en la chron. du Roy Iean. Nous prendrons
le tiers exemple de l'an 1375. Lors que le te-
stament du Roy Charles quint, surnommé
le Sage, fut ouuert & leu publiquement: par
lequel il auoit institué Philippes Duc de
Bourbon. frere de sa femme, tuteur de ses
enfans ; & au regard du gouuernement du
Royaume, il ordonnoit que son frere Loys
Duc d'Aniou en eust la conduite iusques à
ce que son fils Charles fust maieur d'ans, &
qu'il le peust gouuerner luy-mesme. Car
nonobstant cela les Estats furent assemblez
à Paris. & le testamêt estant declaré nul, fut
ordonné que l'administration du Royaume
seroit mise entre les mains de Loys oncle du ieune Roy: mais à telle charge, qu'il
manieroit celle administration par l'aduis
& conseil de certains personnages deputez
par les Estats : & que le Duc de Bourbon
prendroit la charge de la tutelle & de l'in-
stitution de l'enfant. Et là mesme fut faite
vne loy & ordonnance Royale: ascauoir, que
tout legitime heritier de la Couronne aussi
tost qu'il auroit attaint le 14. an de son aage
fust sacré & couronné Roy, & que les Sei-

I 5

gneurs & fuiets luy fiſſent foy & hommage,
auec ſerment de fidelité. Ainſi le reçitent
Froiſſ. vol.2.chap.60. Büchet au 4.liu. fueil.
124. La chronique de Bretaigne ch. Le quatrieme cas eſcheut l'an 1392. Car le meſme
Roy Charles ſixieme , ayant ſoudainement
perdu l'entendement, fut mené premierement à Sens & delà à Paris: où fut tenu le
Colloque des Eſtats : & ordonné que le gou
uernemét du Roy ſeroit entre les mains des
Ducs de Berry,& de Bourgongne ; teſmoin
Froiſſard au 4.vol.cha.44. Et ſur ce ne faut
oublier ce que Papon au 5.liure des Areſts.
tit.10. art.4. dit auoir eſté allegué en la Cour
de Parlement , lors que le Roy François
premier de nom , voulut aliener vne partie
de ſon domaine : aſcauoir que pareilles alie
nations faites par les Roys precedens, a-
uoyent eſté annullees, à raiſon de ce que les
Eſtats ny auoyent point conſenty. Le ſixieme exemple aduint l'an 1426.à l'occaſion de
Philippes Duc de Bourgongne,& Hanfroy
Duc de Cloceſtre , qui auoyent long-temps
nourry inimitié mortelle l'vn contre l'autre
au grand dommage de la Republique, mais
à la fin ils s'accorderent entre eux de deſmeſ
ler leur querele par vn combat d'homme à
homme en champ clos. Mais le Colloque
des Eſtats ſe mit entre deux:& ordonna que
l'vn

l'vn & l'autre poſeroit les armes, & feroyent
arbitrer & decider leur different par l'autorité des Eſtats, pluſtoſt que le vuider par
voye de faict. Ceſte hiſtoire eſt amplement
expoſee par Paradin en la Chron. de Bourgongne, au 3. liure ſous l'an 1426. Le ſeptieſ-
me exemple fut pratiqué l'an 1484. lors que
Loys onzieme venant à deceder, laiſſa ſon
fils Charles aagé de 13. ans. Car les Eſtats
furent aſſemblez à Tours, & ordonné que
la charge de la nourriture du ieune Roy ſeroit donnee a ſa ſœur Anne. & l'adminiſtration du Royaume commiſe à certains perſonnages eleus & deputez par le conſeil:
combien que Loys Duc d'Orleans proche
parent du Roy la demādaſt. Et de cecy font
foy les actes de ce Colloque des Eſtats, qui
ſont imprimez à Paris, & Iean Buchet au 4.
liure, fueillet 167.

¶ De l'autorité memorable de l'aſſemblee des Eſtats pratiquee contre le Roy
Loys onzieme.

CHAP. XVIII.

Ous ces teſmoignages que nous
auons alleguez, nous peuuent
ſuffiſamment inſtruire, non ſeulement que l'vſage des Eſtats

s'eft aufsi fouuent pratiqué par nos anceftres, comme la necefsité la requis, mais auffi que cefte congregation la à touſiours efté
fi venerable & a eu telle puiffance & autorité, qu'il a fallu que les Roys mefmes, qui dô-
nent loy aux autres, fe laiffaffent gouuerner
par fon aduis. Et puis que nous fommes fur
cefte matiere, il eft raifonnable de ne point
paffer icy fous filence vn exemple de cefte
autorité la, qui fut pratiqué de la memoire
de nos Peres à l'endroit du Roy Loys onſie-
me, lequel on tient communémēt auoir efté
plus fin & plus rufé que tous fes predecef-
feurs. Car le Roy Loys gouuerna tellemēt
le Royaume, qu'en plufieurs chofes il fe de-
uoya hors des termes de bô Prince, & aimât
fes fuiets, reculant & mefprifant les Princes
du fang & Seigneurs du Royaume, & eleuât
des perfonnes de baffe & vile qualité à grâs
Eſtats, fans en prendre ailleurs côfeil qu'en
fa fantafie. Cela enfeigna à la nobleffe de
Frâce & au peuple, de cercher & defirer l'autorité des Eftats, afin de prouuoir au bien
public. Et pourautant qu'il eftoit aifé à voir
qu'il ne s'y voudroit point foumettre, les
Princes efmeus par les continuelles plain-
tes & follicitations du peuple, delibere-
rent de fe mettre aux champs : afin de pro-
curer le bien public, & remonftrer au Roy,
com

comme l'administration de la chose publique estoit corrompue & gastee (ainsi comme recite Philippe de Comines au liu. 1.
chap. 2.) Car ils y vouloyent aller armez &
en equippage de guerre, afin que si le Roy
refusoit de prouuoir au bien public , & de
prester l'oreille à bons & sages conseils , ils
le peussent mener par force à la raison : Ce
qui fut cause que ceste guerre qui auoit esté
entreprise pour le bien public du Royaume
en fut communement nommee la guerre du
Bien public. Les noms des Princes qui se de-
clarerent , & qui en prindrent la conduite,
ainsi comme de Comines, Gilles & Lamar-
che l'ont laissé par escrit, estoyent : le Duc
de Bourbon, le Duc de Berry frere du Roy,
les Comtes de Dunois , de Neuers , d'Ar-
mignac & d'Albret , & le Duc de Charro-
lois qui en estoit le Chef, & qui commandoit souuerainement à toute l'armee. Si fai-
soyent publier & signifier hautement par
tout où ils passoyent, qu'ils entreprenoyent
celle guerre pour le bien public, promettás
au peuple affranchissement & immunité de
tailles & imposts (ce sont les propres mots
de Gilles au 4. liu. fueil. 152) & enuoyerent
Ambassadeurs & lettres à Paris, à la Cour
de Parlement, aux Ecclesiastiques, & au Re-
cteur de l'vniuersité, les priant de ne penser

point que cefte armee fe fuft affeblee pour
faire tort où violence à la perfonne du Roy:
mais afin de le ramener à la raifon & à exer-
ter l'office dè bon Roy, ainfi comme la con
fideration du bien public le demandoit. Voi
cy auffi prefque les propres mots qui font
mention de cecy aux Annales, qui font inti-
tulez les Chroniques de Loys XF. & font
imprimez à Paris par Galliot, au fueil. 27. Le
premier & le principal article de leurs de-
mandes eftoit, Qu'on tinft l'affemblee des
trois Eftats: pource que de tout temps c'a-
uoit efté le feul & propre expedient pour ob
uier à tous maux, & qui auoit eu toufiours
vertu & efficace dè remedier à femblables
confufions & troubles. Et derechef au 28.
fueil. il eft recité, que audience publique fut
donnee aux Ambaffadeurs des Princes à Pa
ris, en la maifon de ville: là où fe trouuerent
les deputez de l'Vniuerfité, de la Cour de
Parlement, & des Magiftrats: & renuoya-on
les Ambaffadeurs auec cefte refponfe, Que
leur requefte fembloit eftre raifonnable: &
fur ce fut fignifié le Colloque des Eftats.
Voila ce qu'en dit en fubftance ceft Hifto-
rien au 28. fueil. Par où il appert bien que
cefte anciene fentence prononcee par M. An
toine eft bien veritable, Afcauoir, que combien que toutes feditions foyent toufiourt
dange

dangereuses, que neantmoins il y en a quelquefois qui sont iustes & presque necessaires: mais qu'il n'y en a point de si iustes, ny
de si necessaires, que quand le peuple foulé
& opprimé par la cruauté d'vn tyran, va demander secours à toute la congregation des
Citoyens legitimemét assemblee. Parquoy
fait bien à noter ce que dit Gaguin en la vie
du Roy Loys, où il recite la response que fit
Charles, frere de Loys aux Ambassadeurs
qu'il auoit enuoyez vers luy: Charles, dit-il,
escouta les Ambassadeurs: mais il respondit
qu'il n'y auoit moyen plus propre pour faire
la paix, que de conuoquer l'assemblee generale des Estats, qui estoit la droite voye qu'il
falloit tenir pour pacifier les troubles & re-
unir les esprits diuisez les vns contre les autres. Dequoy les Ambassadeurs ayans aduerty Loys par messagers expres, luy estimant
que c'estoit le meilleur pour luy, d'vser de
delais & de remises, signifia le Concile general à Tours au premier iour d'Auril, l'an
1467. Et quand le temps de l'assignation fut
venu, les Princes de tout le Royaume s'y
trouuerent en personne, &c. Tout le mesme
est recité ainsi en propres termes és Annales
que nous auons alleguees au fueil. 64. & en
la grande Chronique vol. 4. fueil. 242. où il
est mesmes adiousté vne chose qui est bien

digne de memoire, afcauoir, qu'il fut ordon
né en ce Concile des Eftats, qu'on choifiroit
certains perfonnages de chacun eftat, vertueux, graues, & de bon entendement, aufquels on donneroit la charge d'eftablir le
gouuernement de la chofe publique qui s'en
alloit perdue, & qui prouueuffent au fait du
droict & de la iuftice. N. Gilles en dit encore dauantage en ce paffage que nous auons
cotté. Apres la bataille de Montlhery, dit il,
furent choifis & deputez plufieurs perfonna
ges de bonne reputation, à raifon de leur
vertu & prudence, pour auoir la charge &
procuration du bien public, ainfi comme il
auoit efté accordé entre le Roy & les Princes : & le premier de ce nombre-la fut le
Comte de Dunois, qui auoit efté le principal auteur de cefte ligue. Or eftoit-ce vne
anciene couftume, depuis que l'autorité &
puiffance des Ecclefiaftiques fut accreuë en
telle grandeur que l'on la voit auiourd'huy,
que tout le peuple eftoit departy en trois E-
ftats, dont les Ecclefiaftiques en faifoyent
l'vn : & quand on eftabliffoit des Procureurs
& adminiftrateurs extraordinaires de la cho
fe publique, d'en elire douze de chacun eftat:
Partant en ce Concile-la, il fut côclu qu'on
eliroit 36. Procureurs de la chofe publique,
lefquels par vn cômun confeil donneroyent
ordre

ordre & remede aux calamitez publiques.
Dequoy Monſtrellet au vol.4.fueil.150. eſcrit auſſi en ceſte ſorte:Premieremĕt,dit-il,
il fut ordonné que pour raccouſtrer &regler
l'eſtat de la choſe publ.&ſoulager le peuple
de tributs & de dommages ſeroyent choiſis
36 hõmes par l'autorité du Roy, douze du
clergé,douze de la nobleſſe & autãt de la iu
ſtice:& que commiſſion &puiſſance leur ſeroit donnee de regarder de quelles maladies
& quels vices le Royaume eſtoit aſſiegé &
gaſté, & d'y appliquer le remede : & le Roy
promit en parole de Roy qu'il tiĕdroit pour
bon & feroit obſeruer,tout ce que ces 38.hõ
mes auroyĕt arreſté entre eux.Voila ce qu'ĕ
recite Monſtrellet,auquel Oliuier de la Mar
che au 35.ch.de ſon hiſtoire s'accorde & ra-
cõte les meſmes choſes de poinct en poinct,
ſpecifiant le meſme nombre des 36 deputez:
& ſi adiouſte encore dauantage, que le Roy
ne tint pas ſa promeſſe, ains rompit & viola
la foy qu'il auoit ſolennellement iuree,dont
il ſourdit & s'alluma vne groſſe & calamiteu
ſe guerre en France,laquelle dura pres de 13.
ans.Parainſi toute l'infamie de ce periure re
tourna ſur le Roy, & le dommage ſur le poure peuple qui n'en pouuoit mais. Mais cõ-
ment que ce ſoit,il eſt bien tout euidĕt, qu'il
ny a pas encore cĕt ans accomplis,que la li-

berté de Fráce & l'autorité des Eftats eſtoit
encore en ſa vigueur : & ſe pratiquoit à l'encontre d'vn Roy qui n'auoit faute ny d'aage
ny d'eſprit pour ſe gouuerner:ains qui eſtoit
deſia plus aagé de quarāte ans,& ſi auoit l'e-
ſprit plus grand & plus vif que Roy qui ait
iamais regné en Fráce.Pour concluſiõ,nous
voyõs que l'Eſtat de noſtre choſe publique
s'eſt maintenu en ſa liberté,ſur laquelle il e-
ſtoit fondé,l'eſpace de plus d'onze cens ans,
& meſmes la quelquefois defendue par ar-
meſà l'encõtre de la puiſſance des tyrās.Par
tāt icy veux-ie vn peu arreſter le fil de mon
propos,pour conſiderer ce que dit Philippe
de Comines hiſtorié ſingulier,ſur cecy au 18.
cha.du 5.liu. de ſon hiſtoire:Parquoy,dit-il,
pour ſuyure au propos que nous auions cõ-
mécé,qui eſt le Roy ou le Prince en ce mõ-
de, qui ait droit d'impoſer tribut d'vne mail
le ſur ſes ſuiets ſans leur cõſentement &vo-
lõté?ſinon qu'il vueille vſer de violéce & de
tyrannie.Voire mais(ce dira quelcun)il peut
eſcheoir tel tēps qu'il ne faut pas attendre le
Cõcile des Eſtats : & l'affaire ne permet pas
vn ſi long delay.Mais quand on entreprēd v-
ne guerre,il n'eſt pas beſoin de ſe haſter tāt:
il y a aſſez de tēps pour vaquer à cela.Et ſi ie
dy encore dauantage que les Roys &Princes
qui entreprenét vne guerre du cõſentement
de

de leurs suiets & de leur peuple, en sôt beau
coup plus puissans & plus redoutables à
leurs ennemis. Et vn peu plus auant : Il ny a
Prince qui doyue moins vser de ces paroles.
I'ay puissance d'exiger de mes suiets, autant
comme il me plaist. Car ny luy, ny autre
qui qu'il soit n'a ceste puissance-la. Et mesme ceux qui tienêt ces propos-la ne luy font
point d'hôneur:& si n'accroissent point son
autorité & sa reputation vers les nations e-
strangeres. Mais au contraire, ils la rendent
plustost espouuâtable aux voisins, qui ne vou
droyent pour chose du monde estre en sa su
ietion. Mais si nostre Roy, &ceux qui exaltêt
& louent hautement sa puissance, parloyêt
ainsi: I'ay des suiets si humbles & si obeissâs,
que ie ne leur commande rien qu'ils ne le fa
cent; & ny a Prince qui ait des suiets si aisez à
gouuerner que les miés, ne qui oubliêt plustost leurs incommoditez: adôc ce propos-la
luy tourneroit à grand honneur & à grande
louange. Mais cestuy-cy ne sied point à vn
Roy : Ie leue tant de tailles comme ie veux
& i'ay la püissace de ce faire, laquelle ie veux
maintenir. Le Roy Charles quint ne parloit
pas ainsi. Aussi n'ay ie, à dire la verité, ouy te
nir ce langage à pas vn de nos Roys : mais à
quelques vns de leurs seruiteurs &ministres
qui veulent faire des bons valets, & pensent

bien gratifier à leurs maiſtres. Mais à mon
iugement ils leur faiſoyēt tort:&ne parloyēt
ainſi pour autre choſe,que pour les flater &
pour s'inſinuer en leur grace: ſans bien conſiderer ce qu'ils diſoyent. Et pour parler de
l'experience de la bonté des Frāçois,ne faut
alleguer de noſtre tēps, que les trois Eſtats
tenus à Tours,apres le deces de noſtre bon
maiſtre le Roy Loys onzieſme, qui fut l'an
1483. L'on pouuoit eſtimer lors que ceſte
bōne aſſemblee eſtoit dāgereuſe:& diſoyent
aucuns de petite cōdition & de petite vertu,
& ont dit par pluſieurs fois depuis,que c'eſt
crime de Leſe-Maieſté, que de parler d'aſſembler les Eſtats, & que c'eſt pour diminuer l'autorité du Roy.Mais ceux qui deba-
tent cela,ſont eux-meſmes qui commettent
crime enuers Dieu & le Roy & la choſe publique. Car telles paroles ne ſeruent qu'à
ceux qui ſont en autorité & credit,ſans en
rien l'auoir merité, & qui ne ſont propres
d'y eſtre,& n'ont accouſtumé que de flageol
ler en l'oreille , & parler des choſes de peu
de valeur : & craignent les grandes
aſſemblees , de peur qu'ils ne
ſoyēt cognus,ou que leurs
œuures ne ſoyent
blaſmees.

Aſcauoir

¶Afcauoir fi les femmes font forclofes
par les ftatus & couftumes de Fráce, de
l'adminiftration du Royaume, comme
elles le font de la fucceſsion.

CHAP. XIX.

Vis qu'ainfi eft que ie fuis entré
fi auant en cefte difpute, qui eft
touchant l'adminiftration du
Royaume , & l'eftat politique
d'iceluy , ie ne laifferay point icy paffer vne
belle queftiõ qui s'offre fans en dire quelque
chofe , qui eft telle : Afcauoir fi les femmes
fõt forclofes du gouuernemét du Royaume,
auffi bié cõme il ne leur eft point permis de
venir à la couronne.Mais auant que d'y entrer, ie veux bié que chacũ fache que ie n'ay
point entrepris icy de traiter du droiĉt ny
des Romains, ny d'autre nation quelcõque,
mais feulement des couftumes de France.
Car,cõme chacun fcait,par les loixRomai-
nes,les femmes font en perpetuelle puiffance de curateurs, à raifõ de l'imbecillité de iu
gement & de confeil qui eft en ce fexe-la, &
forclofes non feulement de l'entremife des
affaires publiques, mais auffi de tous nego-
ces ciuils:mais à l'oppofite il y a des nations
où les femmes fõt admifes au gouuernemét
du Royaume par leurs anciencs couftumes:
ainfi commè Tacitus dit en la vie de Agric.

m 3

que les anciens habitans de Angleterre n'a-
uoyént point d'efgard au fexe en fait de gou
uernement. Ce fondemét eftant mis, ie vien
à la difcuffion de la queftió prefente. La rai
fon de douter & de mouuoir cefte difficulté
eft toute euidéte:attédu qu'il appert par les
exéples qui ont autrefois efté pratiquez en
France, que le Royaume a efté quelquefois
adminiftré par les Roynes, & principalemét
par celles qui eftoyét vefues & meres de ieu
nes Roys: Toutefois il femble que la raifon
cóbate à l'encontre, & que celle la qui n'eft
point receue à eftre Royne & heritiere legitime de la Courónc, ne doyue nó plus eftre
admife à la regence & au gouuernement du
Royaume. Or qu'il foit vray qu'vne féme ne
puiffe eftre Royne à raifon d'elle mefmes,
ny que la fucceffió du Royaume ne fe puiffé
tranfporter à elle ou à fes enfans: mais que fi
les femmes font Roynes, ce n'eft pas propre
ment, ains par accidét, cóme on dit, & à caufe de leurs maris qui font Roys, ie l'ay defia
fuffifammét móftré cy deffus, & prouué par
exéples pratiquez l'efpace de mille & deux
cens ans. Et faut fe reduire en memoire ce
qui fait bié à ce propos, & qui a auffi efté deduit, que tout ainfi comme le Concile des
Eftats auoit toute puiffance d'elire & demettre les Roys, auffi auoit-il plein pouuoir
de defe

de deferer l'adminiſtratiõ du Royaume à qui
bon luy ſembloit, pendant la minorite des
Roys, ou pour autres occaſiõs. Qui plus eſt,
que meſme apres l'electiõ des Roys, le Cõci
le ſe reſeruoit encore & retenoit par deuers
ſoy la ſouueraine autorité du gouuernemét
des affaires du Royaume: & ſi ny a pas encore cent ans paſſez, que du regne de Loys XI.
quoy que ce fuſt vn Prince cauteleux, l'aſſem
blee des Eſtats eſtablit 36. Procureurs & ad
miniſtrateurs de la choſe publique, cõme E-
phorés & Cõtrerolleurs, pour garder que le
Royaume ne tombaſt en vne domination
tyránique. Mais ſi nous voulõs entédre plus
auant comment ſe ſont gouuernez nos Maieurs en ces occurrences, liſons ce qu'en dit
Aimoi. au li. 4. cha. 1. où il parle de la Royne
Brunechilde. Parce, dit-il, qu'il ſembloit que
Brunechilde vouloit retènir entre ſes mains
tout le gouuernement du Royaume, & d'autre coſté les Seigneurs de Frãce ſe faſchoy.ét
d'eſtre ſi long temps ſuiets à la domination
d'vne femme, &c. Et pour certain cela eſt ad
uenu bien ſouuét que quand les femmes ont
eu d'aduenture le maniement en main, elles
ont eſté cauſe d'emouuoir de merueilleuſes
tragœdies & confuſions au Royaume. Dequoy il ne ſera point impertinét ſi i'en mets
icy quelques exemples. La Royne Crotilde

mere des Roys Childebert & Clothaire eut
iadis la Regence:&ayant pris à nourrir & ele
uer deux des enfans d'vn sié autre fils qui e-
stoit mort nommé Clodomer, les aimoit si
extrememet qu'elle fit tout son effort que
ses petits fils fussent eleuez en degré de digni
té Royale,&ses autres enfás ostez.Au moyé
dequoy elle nourrissoit leurs cheueux auec
toute la solicitude qui luy estoit possible,suy
uant l'anciene coustume , dont nous auons
parlé.Dequoy les deux freres Roys aduertis
luy enuoyerét sur le chāp vn Arcadius, auec
commissiõ de luy presenter vne espee toute
nue & des ciseaux de barbier,& luy dõner le
choix lequel des deux elle aimoit mieux e-
stre mis sur la teste des enfans. Mais elle, dit
Gregoire de Tours,toute troublee de cho-
lere,mesmement lors qu'elle vit l'espee trai
te & les ciseaux de barbier, s'en aigrit & se
despita si ameremét qu'elle luy respõdit ain
si:Il me vaut donc mieux, dit-elle,s'ils ne sõt
point eleuez au Royaume,les voir morts que
tondus.Par ainsi furét les deux enfans tous
deux tuez en sa presence : tesmoin le mesme
Greg.au 3.li.ch.18.là où il adiouste que ceste
Royne acquit la bien-vueillance du peuple
par le moyé des fondatiõs d'Abbayes,&par
les donations qu'elle fit aux moines & aux
prestres.Si semble bié à ce propos que Catõ
fut

fut vn homme bien sage, quand il remonstra
aux Romains, qu'il falloit retenir les femmes au mesnage, sans qu'elles eussent loy de
venir parler en public, ny de commãder aux
hommes. Laschez, disoit-il, la bride à ceste
nature qui ne se peut gouuerner soy-mesme,
me,& à cest animal rebours & farouche, &
puis attendez vous, qu'elles vsent reglément
& moderément de la liberté que vous leur
donnez. Car ne fut-ce point vn animal saua-
uage & desnaturé, que ceste Italiene, fille du
Roy Theodoric? Laquelle voyant, que sa
mere auoit fait mourir vn sien seruiteur,
qu'elle aimoit desesperément, en fut si asprement itritee, qu'elle resolut, qu'il falloit ne-
cessairement, que sa mere ou elle mourussent: mais au demeurant elle fit semblant de
n'en auoir point de despit ny de mal-talent
côtre elle: & pour faire croire qu'elle estoit
du tout recôciliee, elle voulut bien commu-
niquer auec elle au Sacrement de la Cene:
mais elle versa du poison dedans le calice
où deuoit boire sa mere, & la fit mourir.
Voicy comment le raconte Greg. de Tours
au 3. liu. chap. 33. en propres termes. Ils e-
stoyent, dit-il, de la secte d'Arius: & pourautant que leur coustume porte, que les Roys,
venans à l'autel communiquent dedans vn
calice à part, & le peuple dans vn autre, elle

versa le poison dedans le calice, auquel sa
mere deuoit boire: laquelle aussi tost qu'elle eut beu, tomba toute roide morte. (Sur
quoy il faut noter en passant, la coustume
de donner le calice au peuple.)Il y eut aussi
autrefois vne Royne mere nommee Frede-
gonde qui fut Regente, estant vesue du Roy
Chilperic premier. Ceste-cy, du viuant de
son mary, se faisoit secretement entretenir
par vn Landry : & s'estât apperceue que son
mary en auoit senty le vét, le fit massacrer à
son adultere : & tost apres prit le gouuernement du Royaume comme Royne mere,au
nom de son fils Clothaire: & le tint l'espace
de 13. ans, durât lesquels elle commit infinis
meurtres,& fut cause de grâs troubles. Car
premierement, elle fit mourir par poison
Childebert, l'oncle de son fils,& sa femme:
elle suscita & fit souleuer les Huns à l'encon
tre de ses enfans:elle esmeut vne grosse guer
re ciuile par tout le Royaume : brief ce fut
elle qui alluma les troubles, dont la France
fut trauaillee par plusieurs annees : ainsi côme on le peut voir dans Aimoin. au 3. liure
chap.36.& au 8.liu.chap.29.Enuiron ce mes
me temps, gouuerna aussi la Royne Brunechilde, mere de Childebert, vesue de Sigebert. Ceste-cy auoit pris en telle amour vn
certain Italien nómé Protadius, qu'elle ne
faisoit

faifoit conte que de luy,& le portoit,fauori-
foit & auançoit par deffus tous les autres.
Elle mefmes nourrit fi mal fes propres enfans Theodebert & Theodoric, & les rendit fi vicieux & fi mal conditionnez , qu'à
grand peine eftoyent-ils entrez en leur ado-
lefcence,qu'ils conceurent inimitié mortelle l'vn contre l'autre , laquelle proceda fi a-
uant par effufion de fang,defolation de guer
res & batailles fanglantes,qu'elle fe termina
finablement par la ruine de tous deux. Elle
tua encore depuis Merouce fils de Theodebert de fa propre main:& empoifona Theo
doric feul demeuré de refte de fes enfans.
Que peut-on dire dauantage ? Laiffez aller
la bride (difoit Caton) à cefte mefchante
nature qui ne peut eftre maiftreffe de foy-
mefme, & à ces mauuaifes beftes iudomta-
bles,& puis attendez vous qu'elles en vfent
reglémét & moderément.Brief elle fut cau
fe de la mort de dix Princes:& eftāt vn iour
tanfee par vn Euefque, & admoneftee de ve
nir à repentance, elle le fit ietter dans l'eau:
mais finablement elle fut mife en iuftice,&
accufee publiquement deuant l'affemblee
des Eftats de France, où eftant conuaincue
d'vne infinité de meurtres,elle fut condamnee à mourir,& attachee à la queue d'vn icu
ne poulain rebours & farouche , qui la trai-

na & la brifa toute en pieces. Les auteurs
qui font foy de cecy, font Greg. de Tours,
au 5. liu. chap. 39. & au 8. liu. chap. 29. Adon
en l'aage 6. Otton Friſing. Chron. 5. chap. 7.
Godef. de Viterb. en la 16. part. de ſa Chro.
& Aimoin. au 4. liure chap. 1. & la ſuyte de
l'hiſt. de Greg. de Tours, en l'onzieme liure
où l'auteur raconte, que le Roy Clothaire
eſtant bien informé, qu'elle auoit fait mourir dix Roys c'eſt à ſcauoir, Sigebert, Merouee, & ſon pere Chilperic, Theodebert &
ſon fils Clothaire, & encore Merouee fils
de Clothaire, Theodoric & ſes trois enfãs,
qui auoyẽt eſté tuez en la derniere bataille,
la fit premierement fouetter & gehenner
l'eſpace de trois iours continuellement, &
puis la fit promener ſur vn chameau par
toute l'armee: & apres tout cõmanda, qu'elle fuſt attachee par vn pied & par vn bras &
par les cheueux à la queue d'vn puiſſant che
ual. Eſtant ainſi liee, le cheual picqué & effa
rouché par l'executeur de iuſtice, ſe mit à la
courſe, la briſa toute à coups de pied & n'en
laiſſa membre qui fuſt entier. Ainſi fut exe-
cutee Brunechilde: mais venons auſsi main
tenant aux autres. Il y en eut encore vne autre nommee Plectrude, qui eut l'adminiſtra
tion du Royaume. Elle eſtoit veſue, non pas
d'vn Roy, mais d'vn Maire du Palais nõmé
Pepin,

Pepin, lequel auoit la superintendance de
tous les affaires, & autant d'autorité, que s'il
eust esté Roy luy-mesme, cependant que le
Roy Dagobert second de ce nom, portoit
le titre de Roy sans vertu ne puissance quel
cõque. Ceste Plectrude icy estoit si deshon-
tee & si abãdonnee à son plaisir, que son ma
ry Pepin la repudia pour son impudicité &
pour son mauuais gouuernemẽt:mais apres
sa mort, elle fut cause de seditions & de grãs
troubles en Frãce. Car elle cõtraignit Char
les Martel qui estoit Maistre du Palais, &
en suffisance de gouuernement, & en vaillan
ce des armes, le premier hõme de son tẽps,
de quitter son Estat, & substitua en sa place
vn autre vicieux & meschant hõme nommé
Thibaud ou Theudouaud cõme d'autres le
nomment, & finablement suscita & alluma
vne pestilẽte & mortelle guerre ciuile entre
les Frãçois, par laquelle peu s'ẽ fallut qu'ils
ne se ruinassent de fond en comble les vns
les autres, ainsi comme Aimoin. recite au 4.
liu. chap. 50. & ensuyuants. Qui plus est, l'au
teur du liure, qui est intitulé, l'Estat du Roy
aume de France, à l'endroit où il fait mẽtion
de Dagobert 2. en parle ainsi. Les François,
dit il, ne pouuans plus supporter les façons
de faire furieuses & forcenees de ceste femme Plectrude, & voyant que c'estoit folie à

eux de s'attendre au Roy Dagobert, eleurēt
Roy vn nommé Daniel, qui auoit esté moine, & luy imposerent le nom de Chilperic,
laquelle histoire nous auons touché en pas-
fant en quelque endroit cy deslus. Mais con-
siderons encore les autres qui gouuernerent
depuis. Comme la vefue du Roy Loys surnommé le Debonnaire, ou plustost le De-
uot, nommee Iudith. Laquelle estoit mere
de Charles le Chauue, qui ne fut pas Roy
de France seulement, mais aussi Empereur
d'Italie & d'Alemaigne. Ceste cy ietta son
mary le Roy Loys & ses enfans en vne tres-
dāgereuse guerre: & de là proceda la malheu
reuse conspiration qu'ils firent contre leur
pere, laquelle tira si auant, qu'ils le contrai-
gnirent de se demettre de son Empire, & de
leur quitter & refignér fa dignité Royale au
grand dommage de tout l'Empire. Les historiens mettent la coulpe de tous les maux
qui en aduindrent fur ceste Royne mere Iu
dith: dequoy ie puis alleguer pour tefmoins
l'Abbé d'Vrsperg, Michel Rits, & Otton
Frising. au 34. chap. de fa 5. Chron. Loys, dit
il, fut dechaffé de son Royaume par les ma-
licieuses menees & vicieux deportemens de
fa femme Iudith. Et Rhegino en la Chron.
de l'an 838. en efcrit tout autant: Loys, dit-
il, fut demis de fa dignité Imperiale par les
siens,

siens,& mis en eſtroite priſon:& ſon fils Lo
thaire inueſty de ſon Royaume,par l'electiō
des François. Ceſt abaiſſement & depoſition luy aduint pour la plus part, à raiſon
des actes impudiques & diſſolutiōs de luxu-
re, eſquelles ſe plongeoit ordinairement ſa
femme Iudith.Long temps apres eut la Regence, la Royne Blanche, mere du Roy
Sainct Loys,Heſpagnole de nation. Mais
auſſi toſt qu'elle eut pris le gouuernement
entre ſes mains, les Princes de France prindrent les armes, ayans pour Chef Philippe
Comte de Bolongne,oncle du Roy:& (ainſi
comme l'a laiſſé par eſcrit Ian de Ionuille
auteur ſuffiſant,& digne de croire) diſoyent
hautement,que ce n'eſtoit point choſe qu'il
falluſt ſouffrir, que la grandeur du Royaume de France fuſt gouuernee par vne fēme,
voire encore qui eſtoit eſtrangere. Au moyen dequoy, les Princes ayans oſté celle autorité à la Royne Blanche,eleurent le Com
te Philippe, Regent & adminiſtrateur du
Royaume,pendant la minorité du Roy. Ce
neantmoins tant s'en fallut, que Blāche vou
luſt rien ceder de ceſte autorité, que pour
s'y maintenir, elle entreprit de ſe munir &
fortifier de ſecours & d'alliances eſtrange-
res , & nommément pratiqua d'auoir celle
de Ferdinand Roy d'Heſpagne. De l'autre

cofté aufsi le Duc de Bretaigne, & le Comte d'York, ioignirent leurs forces auec celles du Comte Philippe, & furprindrēt quelques villes au defprouueu, & y mirent garni
fons:ce que raconte Ionuille, au 5. chap. de
l'hift. de S. Loys: Ainfi pourautant qu'vne
Royne mere auoit lors vfurpé.& vouloit en
core retenir par force la Regence du Royaume, de là s'alluma vne grande guerre ciuile en France. Si aduint lors, par cas d'aduenture, que le Roy vint iufques à Eftāpes,
où fa mere l'auoit enuoyé pour voir fon cāp
& s'accouftumer à l'exercice des armes: dequoy les Princes aduertis, tīrerent tous la
part où eftoit le Roy: non pas pour l'offen-
fer, ou pour luy faire violence aucune (dit
Ionuille) mais (cōme il affeure luy-mefme)
pour le tirer de la puiffance & fuiection de
fa mere. Elle qui eftoit demeuree à Paris,
en fceut les nouuelles, & foudain fit armer
les Parifiens, & leur commanda d'aller vers
Eftampes au fecours du Roy. Mais à grand
peine eftoyent ils encore à Mont-lhery,
que le Roy depeftré de ceux qui le tenoyent
affiegé, s'en vint vers eux, & s'en retourna
quand & eux à Paris. Mais Philippe voyant
que les forces qu'il auoit, n'eftoyent point
fuffifantes pour maintenir fon droit, attira
à fon party la Royne de Cypre, qui auoit
quelques

quelques affaires dãs le Royaume : laquelle
se iettât dans la Champaigne, alla gaſtant &
deſtruiſant tout le plat pays. Nonobſtant
toutes ces calamitez, Blanche ne laiſſa pas
de perſiſter touſiours en ſon opinion. Parquoy les Princes à la fin firent venir vn ſecours d'Anglois dedans le Royaume, qui
firent de grans maux par toute la Guienne & tout le long de celle coſte marine :
mais qu'il ſoit vray, que tous ces maux &
deſolations du Royaume, ne ſoyent adue-
nues par autre moyen, que par l'ambition
& fiere opiniaſtreté de ceſte Royne mere-
là, il appert par ce qu'en raconte bien au
long, le Sieur de Ionuille, au chapitre ſixieme, ſeptieme, huictieme, neufuieme, & di-
xieme. Mais pourautant que nos François
ont toute autre opinion que celle cy du naturel & des conditions de ceſte Blanche, e-
ſtans deſia preoccupez (comme il eſt bien
croyable) par les flateries & menſonges de
ceux qui ont enregiſtré les hiſtoires de ce
temps là (car tous les hiſtoriens preſque
ont accouſtumé d'eſpargner les Roynes
meres & de n'en parler que bien ſobremẽt
& au plus loin de la verité qu'ils peuuent,
ſoit qu'ils craignent d'encourir leur mau-
uaiſe grace, & d'en eſtre punis à la fin, ſoit
qu'ils craignent de bleſſer la reputation des

Roys leurs fils) tant y a qu'il ne faut point
icy oublier ce qu'en dit le mesme auteur de
Ianuille au trentesixieme chapitre. Car il
escrit qu'elle maistrisoit si fort & tenoit en
si grande suiection son fils, que pour crainte qu'il auoit d'elle, il se resserroit iusques
là qu'il n'osoit se trouuer que bien peu souuent en la compagnie de sa femme pour de-
uiser & passer le temps auec elle, à raison
de ce que sa mere luy vouloit mal : Et quãd
il aduenoit que le Roy alloit par les chãps,
sa mere Blanche commãdoit au Mareschal
des logis de faire le logis de la Royne à
part & separé de celuy du Roy : de sorte
que si le Roy vouloit aucunefois aller de
nuict voir sa femme à la desrobee, il faisoit tenir les portiers au guet, & leur commandoit de batre leurs chiens à tout vn ba-
ston, s'ils apperceuoyent venir sa mere : afin
qu'à leur cry il entendist qu'elle estoit là, &
qu'il se falloit cacher. Mais cela n'estoit encore rien au pris de ce qu'elle luy fit vn iour.
Car il auint (ainsi que dit I. de Ionuille) que
la Royne Marguerite, estant de nagueres
accouchee, & n'estant encore releuee de
sa couche, le Roy pour l'amitié qu'il luy portoit, la vint voir, mais il ne fut pas si tost
entré que voicy sa mere aprés luy. Le Roy
aduerty par le cry des chiens qu'on battoit,
se reti-

se retira habilement, se cacha en la ruelle
du lict, & s'enueloppa des courtines. Elle
sachant bien qu'il y estoit, le chercha par
tout, & l'ayant à la fin trouué à tastons le
prit, & en la presence de tous ceux qui e-
stoyent là, le mit hors de la chambre par les
espaules, en luy disant vous n'auez que faire
icy, Deuant. L'accouchee ayant veu deuant
ses yeux faire vne telle indignité à son mary, & ne pouuant supporter vn si orgueil-
leux mespris, s'esuanouit & tomba toute
pasmee entre les bras de ses damoiselles: de
sorte que les Dames de chambre & autres
qui luy assistoyent, coururent vistement
rappeller le Roy, lequel s'y en retourna: &
incontinent qu'il fut r'entré, la Royne re-
prit ses esprits & se reuint de ceste pasmoi-
son. Voila proprement comme le raconte
le Sieur de Ioinuille au septante & sixieme
chapitre de l'histoire de la vie du Roy Loys
neufuieme, surnommé Sainct Loys. Quelque temps apres, eut aussi la Regence Isabel femme de Charles sixieme, lors qu'il
fut deuoyé de son entendement. Car auant
que l'administration peust estre mise entre les mains de quelques deputez par l'autorité des Estats, il s'esmeut, par les menees
& par l'ambition de quelques vns, de grans
debats & de piteux troubles par tout le

Royaume, lesquels furent appaisez par six
fois, & par six fois recommencez. Finablement Isabel estant chassee de Paris, se retira à Chartres, où elle trouua tout à propos
vn Philippe de Moruilliers, homme exercé
aux ruses & pratiques de la Cour, qui luy
seruoit de Cour de Parlement, de Lieutenant & de Chancelier tout ensemble. Et
par son conseil, fit faire vn contre-seel du
Roy, & y fit engrauer son effigie toute droite, ayant les bras tendus contre terre. Et
aux letres patentes qui s'expedioyent en
son nom, elle vsoit de ce titre : Isabel, par la
grace de Dieu Royne de France: ayant l'administration & gouuernement de ce Royaume, à cause de l'indisposition de Monseigneur le Roy. Mais les affaires de France, estans tombees en vne extreme confusion, & l'estat de la chose publique presque
tout gasté & perdu, La Regente Isabel fut
enuoyee à Tours par l'aduis des Estats, &
quatre Curateurs furent ordonnez pour retenir ceste mauuaise beste recluse & cachee
à la maison, & prendre garde qu'elle ne
peust auoir le maniement d'aucun affaire,
ny escrire vn seul mot de letre sans leur congé. L'histoire de tout cecy se treuue deduite au long par Monstrellet aux chapitres 161.
& 168. de sa Chronique.

¶ Des

¶ Des Parlemens & sieges iudiciaux de
France.

CHAP. XX.

OVS le mesme Regne des descendans de Hugues Capet, il s'est eleué vn Estat incognu à nos ancestres, qu'õ ne sçauroit mieux appeller qu'vn Royaume de Plaiderie, qui ne merite pas que ie l'oublie icy, à raison de l'incroyable subtilité & singuliere industrie des supposts artisans de ce mestier là, & des bons ouuriers qui s'en meslent, & qui est telle, que les siecles precedens n'ont rien veu ny entendu de semblable. Il y a donques auiourdhuy vne ne sçay quelle maniere de gens, qui a la vogue par toute la France, que les vns appellent gens de Iustice, les autres Praticiens : lesquels depuis tröis cens ans en ça ou enuiron, ont si bien sçeu iouer leur personnage, & ont fait tant de bons tours d'habilité & de souppleße, qu'ils ont non seulement mis sous leurs pieds & supplanté toute l'autorité du Concile des Estats (telle qu'elle a esté declaree cy dessus) mais aussi ont contraint tous les Princes du Royaume, voire mesmes la Maiesté du Roy de passer sous leur main, & de s'hu-

milier sous leur grandeur. Au moyen dequoy on voit que presque la tierce part des
citoyens & habitans des villes, où ce Royau
me icy de Procés a planté son siege, affrian-
dee par l'emorche du grand profit qui en re
uient, ne s'adonne à autre estude ne vacatiõ
qu'à ce bel art de chicanerie : dequoy le Palais de Paris peut fournir preuue suffisante,
qui emporte le prix de cela sur toutes les au
tres villes. Car si vous demeurez seulement
trois iours dans Paris, vous iugerez incontinent que plus de la tierce part des habitãs,
ne se mesle d'autre mestier que de pratique
& de proces. Aussi voit on que l'assemblee
& le Conseil de ces Praticiens & Plaideurs
(qu'on appelle la Cour souueraine de Parlement) a acquis telle autorité & s'est si ex-
cessiuement accreuë, qu'on ne iugeroit pas
que ce fust vn Senat & vne congregation de
Conseillers, mais, comme disoit Cineas
ambassadeur du Roy Pyrrus, parlant du Senat Romain, qu'elle semble proprement à
la voir vn Consistoire de plusieurs Roys,
ou de plusieurs Satrapes. Car ceux qui y
sont vne fois receus, quoy qu'ils soyent issus
de petit lieu, depuis qu'ils y ont vne fois mis
le pied, en moins de quatre ou cinq ans, a-
massent tant de biens & tant de richesses,
qu'ils deuienent comme de petits Roys. Les
autres

autres villes enuieuses & ialouses de cest
accroissement, ont fait tout leur effort d'a-
uoir de semblables sieges de Iustice, de sorte que desia on conte sept de ces Cours sou-
ueraines & Parlemens erigez en France, és
villes de Paris, de Thoulouse, de Rouen, de
Grenoble, de Bourdeaux, d'Aix, & Dison:
qui sont tous arrestez & sedentaires. Et le
huictieme qui est mobile & ambulatoire,
n'ayât point de siege arresté en certaine ville, qu'on appelle le Grand Conseil. Voila
les principaux sieges & gouuernemens de
ce Royaume de Plaiderie; au dessous desquels il y en a encore d'autres moindres,
qui taschent bien autant, qu'il leur est possible, d'attaindre à la grandeur & hautesse
de ces premiers : & les appelle on communement Sieges presidiaux. Brief l'infe-
ction & la contagion de ceste maladie
pestilente est si auant fichée & enracinée,
& si largement espandue par tout le corps
de ce Royaume, que tout ainsi comme la
plus part des Aegyptiens estoit contrain-
te de s'occuper à eleuer des Pyramides, &
autres bastimens d'enorme & d'excessiue
grandeur pour le plaisir de leurs Tyrans,
aussi auiourdhuy la plus grande partie du
peuple de France, ne s'employe à autre
meilleure occupation, qu'à mener proces,

dreſſer calomnies , & gratter le papier,
Quant à ce mot de Parlement qu'on a donné à ces principaux ſieges de Iudicature,
en noſtre ancien langage François , il ne ſi-
gnifie autre choſe , qu'vn colloque & conference de pluſieurs perſonnes aſſemblees
& amaſſees en vn certain lieu , pour traiter & conſulter enſemble d'affaires publiques: de ſorte que les vieilles Chroniques
appellent touſiours Parlement vn Colloque & vn pour parler qui eſt ſignifié & pro-
mis de la part de deux Princes ou de deux
Chefs de guerre , quand ils veulent traiter
& capituler quelque paix enſemble. Et
auſſi par meſme raiſon, le Concile general
des Eſtats en vieux François s'appelloit Parlement , qui auoit telle puiſſance & au-
torite, comme il a eſté monſtré. Mais les
Roys de la maiſon de Capet, pour la faire
ſener peu à peu , & à la fin la faire perdre du tout, ſubſtituerét vn certain nombre
de Cóſeillers au lieu de ceſte aſſemblee d'E-
ſtats , & luy oſterent ce nom venerable de
Parlement, pour le donner à ce cóſeil qu'ils
auoyent fait à leur poſte: & au demeurát l'en
uironnerent d'vne merueilleuſe autorité, &
luy donnerent de grandes prerogatiues. Car
premierement ils ordonnerent , qu'il ny auroit loy ny ordónance Royale qui fuſt vala-
ble,

ble, que premierement elle n'euft efté approuuee, verifiee & autorifee par ces Confeillers icy: fecondement qu'il ny auroit Magiftrat en toute la France ny ciuil ny militaire, qu'il ne falluft qu'il fuft inftallé & mis en poffeffion de fon Eftat par cefte Cour & qui ne preftaft ferment entre leurs mains: puis qu'il ne fuft loifible d'appeller de leurs iugemens & fentences: mais que leurs arefts fuffent fermes & irreuocables. Finablement toute la prerogatiue, toute la puiffance & autorité dont auoit iouy par tant d'annees le Concile des Eftats, ainfi qu'il a efté môftré, ce Parlement fuppofé l'a toute tiree & vfurpee à foy: & pour s'y maintenir a donné ordre que les Roys fuffent de la compagnie, au moins ceux qu'ils ont eftimez ne deuoir eftre contraires à leurs deffeins. Parquoy at reftons-nous vn peu icy & confiderôs quels en ont efté les premiers fondemens & les moyens par lefquels il eft paruenu à la puiffance & grandeur où il fe trouue maintenât. Premierement donques fut bafty vn Palais Royal à Paris fuperbe en magnificëce & fomptuofité, par le commandement, comme difent aucuns, du Roy Loys Hutin (nom qui fignifie en vieux Frãçois mutin & quereleux & qui eftoit tout propre à celuy qui le premier fit baftir ce fiege de proces & de quere-

les)ou comme tienent d'autres, du Roy Philippe le Bel, enuiron l'an 1314. par l'entremi-
se & conduite d'Enguerrant de Marigny
Conte de Longueuille, lequel quelque têps
depuis fut pendu au gibet, par arrest du
Parlement, pour auoir desrobé l'argent du
Roy. Mais comment que ce soit, ainsi comme l'on raconte des anciens Roys d'A Egy-
pte qu'ils employoyent leurs suiets à bastir
& eleuer des Pyramides: & entre autres d'vn
nommé Chemnis, lequel assembla 360. mille ouuriers pour dresser vne Pyramide: aussi
en peut-on autant dire des Roys de France
qui estoyêt lors, qu'ils mirêt en si grand hon
neur & reputation le mestier de plaiderie,
que personne ne se voulut plus mesler d'autre chose. Au demeurant voicy ce qu'en dit
Gaguin en la vie de Loys Hutin. Cestuy
Loys Hutin, dit il, establit & arresta la Cour
de Parlement à Paris pour y estre perpetuelle, afin que les plaideurs ne fussent plus disco
modez de changer ainsi souuent de lieu. Voi
la ce qu'en dit Gaguin. Car quant à l'opiniô
de ceux qui rapportent l'introductiô du Par
lement stable & arresté à Pepin ou à Charlemaigne, il sera bien aisé à iuger par ce que
nous dirons maintenant, combien elle est
impertinente. Car mesmes il y a encore auiourdhuy plusieurs loix & ordonnances faites

tés par Charlemaigne, où il n'est fait mention en sorte que ce soit, ny de Parlement ny de Cour souueraine:mais seulemēt y est ordonné que les officiers de Iustice tienēt les plaids en certains lieux,& qu'il se face des assemblees generales, qu'il appelle (Placita)à la mode de ce temps-la:comme au 35. chap. du 4. liu. de la loy Francique, où il y a ces mots.Qu'il face tenir seulement trois generales assemblees l'annee:sinon que d'auenture quelcun soit accusé,ou que quelcun accuse vn autre,ou quelcun soit appellé pour rēdre tesmoignage, &c.Il y a encore plusieurs autres loix de ce mesmeRoy qui sont de pareille substance : & dont on peut aisément iuger qu'il ny auoit pas telle quantité de proces qu'il y a auiourdhuy.De moy ie tiē pour chose asseuree,ce que quelques vns ont delia escrit,que le premier qui a esclos vne si grāde couuee de proces,de calomnies,& de chicaneries fut le Pape Clement V.qui du tēps de Philippe le Bel transporta le siege Papal en Auignon : & pourautant que les praticiens de la Cour du Pape frequentoyent fort & se mesloyent auec ceux de nostre nation, ils luy enseignerēt cest art de chicanerie Romaine,& corrompirent les mœurs de France,ne plus ne moins que personnes infectes de maladie contagieuse.Mais n'allons pas si

loin:le Roy Loys 9.appellé S.Loys,regnoit
enuiron l'an 1230.duquel la vie a esté escrite
par le Sieur de Iouille,qui estoit de son téps:
& peut-on apprendre par son histoire, qu'il
n'y auoit pas beaucoup de proces en ce téps
la.& mesmement de ce que bien souuent le
Roy Loys luy-mesme donnoit audiëce aux
parties,ou bié bailloit la charge à ceux qu'il
auoit autour de luy. Car il en escrit ainsi au
94.cha. Il auoit de coustume,dit-il,de nous
enuoyer les Sieurs de Nesle , de Soissons &
moy,aux plaids de la porte. Et puis il nous
enuoyoit querir & nous demandoit comment tout se portoit, & s'il y auoit aucun
qu'on ne peust depescher sãs luy:&plusieurs
fois selon nostre rapport il enuoyoit querir
les plaidoyans, & les contenoit, les mettant
à raison & droiture.Et bien souuent s'alloit
esbatre au bois de Vincenne, & se seoit au
pied d'vn chesne sur l'herbe verte, & nous
faisoit seoir aupres de luy, & prestoit audiëce libre à chacun qui auoit affaire à luy, sans
aucun trouble ou empeschement. Et mesmes demandoit à haute voix,s'il y auoit aucun qui eust proces & partie,&s'il se presen
toit aucun,l'escoutoit incontinent, & apres
auoir entendu les parties , prononçoit la
sentence selon le droit & l'equité. Quelque
fois il donnoit charge à Pierre Fontaine, &
à Geof-

à Geoffroy Vilette d'ouir les parties,& de
vuider les proces. I'ay veu mesme quelque
fois , que ce bon Roy s'alloit promener en
vn iardin aux faux bourgs de Paris, bien sim
plement vestu : & qu'estant là il faisoit mettre vn tapis sur vne table.Puis silence estant
faict,il faisoit appeller les plaidoyans,&leur
commandoit de deduire leurs causes:& leur
faisoit iustice à l'heure mesme. Voila ce
qu'en a escrit de Ionuille. A quoy on peut
voir clairement , combien il y auoit peu de
proces & de plaideurs en ce temps-la & cōbien ces Roys-la estoyent soigneux de tirer
leurs suiets hors des fascheries & des espi-
nes de proces. Car mesmes entre les ordon
nances de Charlemaigne, il s'en trouue vne
telle.Que nos Commis,dit-il,facent scauoir
aux Comtes & au peuple que nous voulons
tenir siege vn iour de la sepmaine pour vaquer à ouir les causes.Il y a vn semblable tes
moignage produit par Monsieur Budé(personnage excellent & ornement singulier de
nostre France) en ses Annotations sur les
Pandectes,où il traite ceste mesme matiere,
& se courrouce asprement contre ceRoyau
me de Plaideurs. Car là il recite qu'il auoit
trouué dedans des Registres Royaux, fort
vieux(dont il pouuoit aussi aisément finer
qu'homme du monde à raison de son Estat)

que du temps de ce mesme Roy Loys il s'es
meut vn different entre le Roy & le Comte
de Bretaigne, & que pour en iuger, furent as
semblez certains personnages au câp de En-
ceny (il faut presupposer que ce fut par le
consentement des deux parties) mais au demeurant qu'entre tous ces Iuges-la, il ny eut
ny aduocat ny docteur en loix, ains seulemēt
des Euesques, Côtes & Barōs: & que par leur
sentence le Breton fut condamné, & ordonné que les habitans seroyent absous du ser-
ment & de la foy qu'ils luy auoyent iuree.
Derechef que l'an 1258. le Côté de Clermōt
estant contentieux entre ce Roy la mesmes,
& les Côtes de Poitou & d'Aniou: ceux qui
assisterent & eurent voix deliberatiue en ce
iugement-là furent gens de mesme qualité,
comme Euesques, Abbez, le Grand maistre
des freres prescheurs, le Conestable, des Barons & Pairs de France, & quelques personnages laics. Et puis il adiouste côsequēment
ainsi. Toutefois on tenoit deux Parlemens
tous les ans: c'est à sçauoir, à Noel, & à la Chā
deleuse & deux Eschiquiers en Normandie,
à Pasque & à la S. Michel. Voila ce qu'en a
escrit monsieur Budé, conformèmēt à ce qui
se trouue dedans vn vieil liure touchant l'in
stitution des Parlemens. Car entre les ordonnances du Roy Philippe quarrieme surnommé

nommé le Bel on lit vn article de telle substance, de l'an 1302. Dauantage pour la com
modité de nos suiets & l'expedition des cau
ses nous, auons deliberé d'ordonner qu'il se
tiene deux Parlemens à Paris & deux Eschiquiers à Rouen: les iours de Troyes se tien-
dront aussi deux fois l'an : & vn Parlement
à Thoulouse, côme il auoit accoustumé de
se tenir autrefois, si le peuple de la terre s'y
accorde. Item pource qu'il y a plusieurs cau
ses qui se plaident en nostre Parlement entre grandes & notables personnes, nous vou
lons & ordonnons, qu'il y ait deux Prelats
& deux autres personnes suffisantes, lai-
ques, de nostre conseil, ou à tout le moins
vn Prelat, & vne personne laique, qui assi-
stent continuellemét en nos Parlemés pour
diliberer, & pour ouir lesdites causes. En
quoy on peut bien remarquer quelques
points notables: à scauoir, premieremét que
les proces & les iugemens n'estoyét pas fort
frequents en ce temps-la, & puis qu'il ny a-
uoit pas vn grand nombre de iuges assis en
ce Parlement. Car quant aux autres iurisdi-
ctions & Bailliages du Royaume, il y en a
vne ordonnance du Roy Philippe le Bel,
en ce mesme liure de l'an mille trois cens &
deux, qui est couchee en ces termes. Nous
enioignons d'auātage que nos Seneschaux &

& Baillifs tienent leurs assises dedans le circuit & enceinte de leurs Senechaussees & Bailliages sommairement, de deux mois en deux mois pour le moins. Qui plus est monsieur Budé escrit au mesme passage que nous auons cotté cy dessus, que l'an 1293. il fut ordonné par le Roy Philippe le Bel, que le Parlement fust composé de personnes de trois qualitez: à scauoir de Prelats, de Barons ; & de Clercs meslez auec des gens laics, & que les laics fussent pris en partie de la Noblesse & en partie du commun peuple. Item que les Prelats & Barons aduisassent entre les personnes de ceste troisieme qualité, celles qui seroyent les plus propres à exercer chasque iurisdiction: & qu'ils en choisissent trois pour enuoyer és prouinces qui vsoyent de droict escrit pour leur administrer iustice: & s'il aduenoit qu'il fallust consulter sur quelque matiere criminelle, qu'ils appellassent les mieux letrez & plus scauans personnages qui se trouueroyét afin d'en auoir leur aduis & conseil. La dessus Budé se prend à deplorer hautement la piteuse corruption de ce temps, & les abus qui se commettent en Iustice, en recitant ce vers du poete Iuuenal.

Ainsi viuoyent les hommes de iadis.

Et puis continuant le fil de son propos, il adiouste tout d'vne suyte, Ainsi m'a-il pris enuie

enuie maintenant de m'escrier tout de mes-
mes:quand ie voy qu'en ce bon vieux temps,
estant toutefois ce Royaume aussi riche &
florissant qu'il fut iamais(comme on peut iu
ger à voir les belles pieces de fin or qu'on
trouue encore de ce têps-la)la façon de rendre le droict aux parties estoit simple & ai-
see,les proces ny estoyent ne frequents ne si
lôgs qu'ils durassent autât que la vie d'vn hô
me,côme ils fôt auiourd'huy:lors que ceste
canaille d'Interpretes & repetasseurs du
Droict, n'auoit point encore mis le pied de
dans la chose publique : & qu'on ne scauoit
point encore que la science des loix fust vne
chose si lôgue, si malaisee ne tant infinie côme on la fait:mais lors que l'equité, & bône
côscience,& vn iuge prudent, garny d'innocence & d'integrité,seruoyêt autant que cêt
mille volumes & bouquins de loix . Mais
maintenant chacun voit biê où nous en som
mes venus,mais il n'y a personne qui l'ose di
re.Voila côment les traite Budé en cest endroit là, se môstrant ailleurs par tout aussi as
pre & rigoureux ennemi de ce mestier de
plaiderie qu'il en fut onques. Mais pour retourner au fil de nostre histoire,& declarer
par quel artifice & sur quels fondemens a e-
sté basty ce beau Royaume de Proces : faut
noter que tout ainsi comme Ciceron escrit,

que les Pontifes anciens ne pouuans fournir
à la multitude des beftes qu'on immoloit,
inftituerét encore d'autres preftres & mini-
niftres des facrifices, qu'ils adioufterent au
nombre ancié de leur College, combié que
le Roy Numa les euft ordonnez eux-mef-
mes pour auoir la charge & la fuperinten-
dance des facrifices & des feftins qui fe faifoyent aux feftes &folennitez de leurs dieux:
ainfi ceux-cy fót allez toufiours en s'augmé-
tant à mefure que les proces fe font multi-
pliez:& de ce petit nombre de trois ou quatre Iuges qui eftoyent affis en ces premiers
parlemens,il en eft forty vne gráde fourmil
liere de Iuges & de Confeilers.Au demeurant pour les loger dignement, il leur fallut
premierement edifier (comme nous auions
commencé à dire tantoft) vn beau Palais fu
perbè,fomptueux & magnifique, qui fut bafty par le commandemét de Loys Hutin ou
de Phil.le Bel:& puis au lieu de ce premier
& petit nombre de iuges, il fe fit vn departe
ment en trois chambres, la gráJ Chábre, la
Cout des Enqueftes & la Chambre des Re-
queftes, duquel partage Budé fait mention
au paffage que nous auós allegué,mais plus
amplemét Gaguin en la vie de Loys Hutin. Sur quoy ne faut oublier ce que l'vn &
l'autre en a laiffé par efcrit,pour dóner à en

tédre que ces aſſemblees de iuſtice n'eſtoyét
ny perpetuelles ny certaines côme elles ſont
à preſent:& ne ſe tenoyét ſinon quád le Prin
ce le cômádoit & ſelô que les affaires ſe pre
ſentoyent:aſcauoir que tous les ans au mois
de Nouébre, il faut que l'Ediſt Roy ſoit re-
freſchy,afin qu'il ſoit loiſible de renòuueller
leParlemét. Et afin qu'on ſache(dit Gaguin)
que le Roy eſt auteur de ceſte aſſemblee on
prononce tous les ans les Edits du Roy,par
leſquels eſt donnee autorité aux Iuges de re
nouueller l'exercice du Parlement à la feſte
S.Martin,c'eſt à dire le 12.de Nouembre. Et
pour mouſtrer de combien ce Royaume &
autorité iudiciale s'eſt augmenté en peu de
téps,on peut alleguer l'ordonnance du Roy
Charles 7.qui fut publiee l'an 1453. enuiron
cent ans apres que le Parlement fut eſtably à
Paris:dont la ſubſtance eſt telle. Apres la fe
ſte de Paſque iuſques à la fin du Parlement
les Preſidens & Conſeillers doyuét eſtre aſ
ſemblez en leurs châbres à ſix heures du ma
tin. Depuis la feſte S.Martin, apres l'heure
ſuſdite.Et vn peu apres:Il eſt tres-neceſſaire
que les Preſidens & Conſeillers de la Cour
vienét apres diſner au Parlemét pour iuger
& pour expedier les cauſes. Voila l'ordônan
çe qu'en fit Charles 7.Mais ſi on veut môter
plus haut & conſiderer l'Eſtat du temps de

Charlemaigne, on trouuera que les Eftats
de iudicature eftoyét tout autres, & que l'ad
miniftratiõ de la Iuftice auoit tout autre for
me qu'elle n'a auiourd'huy, cõme on le peut
voir par fes ordonnances & nommémét du
ch.74. du li.4. de la loy Frácique, où e ft ceft
article. Que le Comte ne tiene point fon fie
ge, finon à ieun, &c. Et quât à ce nom de Par
lement, pour iuger en quel honneur il eft
mõté en peu de temps, on peut prédre pour
argumét certain le priuilege que dõna Loys
XI. à ceux du Dauphiné. Car au lieu qu'il y
auoit pour le Dauphiné vne compagnie de
Prefidens & Cõfeillers eftab lie à Grenoble
auec autorité de Cour fouueraine en fon ref
fort, qu'on appelloit le Confeil du Dauphiné, Loys XI. eftant Dauphin de Vienue, a-
bolit ce nom de Confeil, & voulut que defor
mais on l'appellaft Parlement, s'eftudiât par
là de recompenfer les honneurs & feruices
qu'il auoit receus des Dauphinois, combien
qu'au demeurant il n'adiouftaft rien de nou
ueau à l'autorité de ce Cõfeil: ainfi que le tef
moigne Guid. Pap. Confeiller de Grenoble
en la queftion 43. & derechef en la queftion
554.

F I N

TABLE DES MATIERES
contenues en ce liure.

TABLE.

F I N.

www.ingramcontent.com/pod-product-compliance
Lightning Source LLC
Chambersburg PA
CBHW061016280326

41935CB00009B/993